SÉRIES BERKLEE: GUITARE Volume 2

METHOD **BERKLEE PRESS**

T0059260

MÉTHODE MODERNE DE GUITARE

william leavitt

volume

2

Berklee Press

Director: Dave Kusek
Managing Editor: Debbie Cavalier
Marketing Manager: Ola Frank
Sr. Writer/Editor: Jonathan Feist

berklee press

DISTRIBUTED BY

HAL•LEONARD®
CORPORATION
7777 W. BLUEMOUND RD. P.O. BOX 13819
MILWAUKEE, WISCONSIN 53213

1140 Boylston Street
Boston, MA 02215-3693 USA
(617) 747-2146

Visit Berklee Press Online at
www.berkleepress.com

Visit Hal Leonard Online at
www.halleonard.com

Introduction

Ce livre est la suite du Volume 1, « Méthode Moderne de Guitare », et la plupart des termes et techniques utilisés ici font directement référence au matériel présenté dans ce Volume 1. Par exemple, la totalité du manche de l'instrument est exploitée au moyen des cinq positions d'étude de la gamme majeure en C (Do). Ceci s'effectue en reliant les quatre schémas de doigtés fondamentaux (types 1, 2, 3, 4) avec un schéma de doigté dérivé (type 1A), tous doigtés qui devront avoir été, je l'espère, maîtrisés à l'aide du premier livre (l'enchaînement des types de doigtés pourra varier d'une position à l'autre le long du manche, en fonction de la tonalité).

Étudiez tout cela en enchaînant, à l'instar de la façon dont je me suis ici efforcé de relier, autant que possible, chaque nouvelle technique (pratique et théorique) à tout ce que vous avez déjà appris.

Toutes les musiques ici proposées sont originales et ont été créées de manière à servir au mieux le matériel pédagogique.

Veuillez noter aussi que les pages consacrées à la théorie ne sont pas sensées remplacer l'étude sérieuse du sujet avec un professeur compétent, mais visent seulement à, peut-être, inciter l'étudiant à la curiosité, à l'encourager à jeter une certaine lumière sur les mystérieux arcanes de la musique relative à la pratique de la guitare.

Maintenant et comme toujours, bonne chance, amusez-vous bien.

William G. Leavitt

Tous les sujets traités dans ce livre doivent être étudiés dans l'ordre dans lequel ils se présentent. L'index de la page 117 doit seulement servir de référence dans le cadre de révisions ou pour approfondir des techniques particulières.

Table Des Matières

(Première Partie)

(Deuxième Partie)

PREMIÈRE PARTIE
Les quatre schémas fondamentaux
de doigtés pour la gamme majeure

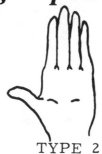
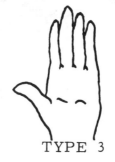

TYPE 1   TYPE 2   TYPE 3   TYPE 4

EXPLICATION : (S) = extension de doigt
(veillez à ne pas déplacer intégralement la main)

Type 1   Toutes les notes situées hors de la position sont jouées avec une extension
du petit doigt (voir page 60, Vol. 1)

C majeur

Pos. - II

Type 2   Aucune extension de doigt

G majeur

II

Type 3   Aucune extension

D majeur

II

Type 4   Toutes les notes situées hors de la position sont jouées avec une extension du petit doigt

A majeur

II

Toutes les gammes (maj. et min., etc.) dériveront de ces quatre schémas fondamentaux de doigtés pour
la gamme majeure. En définitive, vous pourrez jouer 5 tonalités majeures dans chaque position avec le
type 1 et ses quatre doigtés dérivés : 1a, 1b, 1c, et 1d. Ceci s'appliquera de même avec le type 4 et ses
dérivés 4a, 4b, 4c, et 4d. Les doigtés de type 2 et 3 ne possèdent pas de schémas de doigtés majeurs
dérivés.

GAMME DE C MAJEUR – ASCENDANT – 5 POSITIONS

((S) = extension de doigt)

(C majeur ascendant)

GAMME DE C MAJEUR – DESCENDANT – 5 POSITIONS

GETTING UP THERE (DUO)

ÉTUDE D'ACCORDS No. 6

(faites très attention aux doigtés)

ÉTUDE MÉLODICO-RYTHMIQUE No. 2

¢ = 2/2   chaque blanche compte pour 1 temps   2/4   chaque noire compte pour 1 temps

(¢ symbole équivalent à 2/2, comptez "à la blanche")

8

TRIADES (ACCORDS DE 3 SONS)

CONSTRUCTION – à partir de gammes majeures

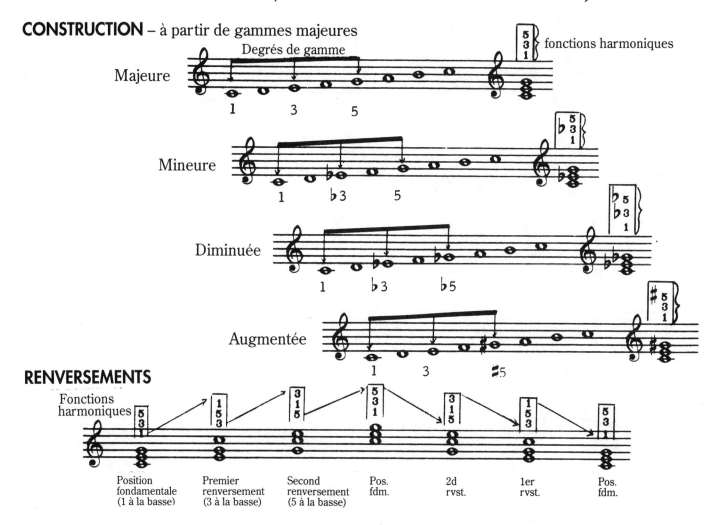

RENVERSEMENTS

. . . Pratiquez les triades de C suivantes (tout au long du manche).
Mémorisez le nom des accords et les doigtés.

Prenez note des doigtés communs et des relations de cordes d'un schéma à l'autre.

9

GAMME DE F MAJEUR ASCENDANT – 5 POSITIONS

(F maj. ascendant)

Type 4

Type 2

GAMME DE F MAJEUR DESCENDANT – 5 POSITIONS

ANOTHER WALTZ FOR TWO (DUO)

Modérément

DIAGRAMMES D'ACCORDS

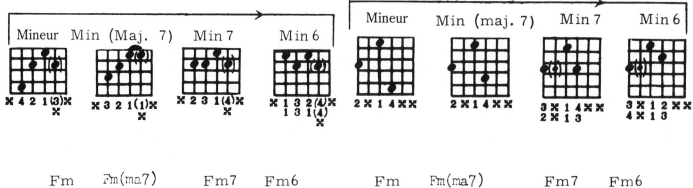

(voyez aussi p. 121, Vol. 1)

Mineur, Min.(+5), Min 6
(fondamentale corde 6)

Même séquence
(fondamentale corde 2)

Même séquence
(fondamentale corde 5)

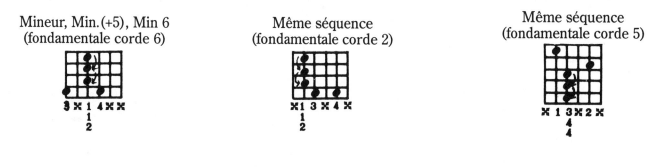

ÉTUDE DE VÉLOCITÉ

Maintenez un tempo régulier tout du long

14

(Pour la pratique avec d'autres schémas de doigtés, jouez cette étude de vélocité telle qu'écrite mais en transposant en tonalités de A, D, G et C)

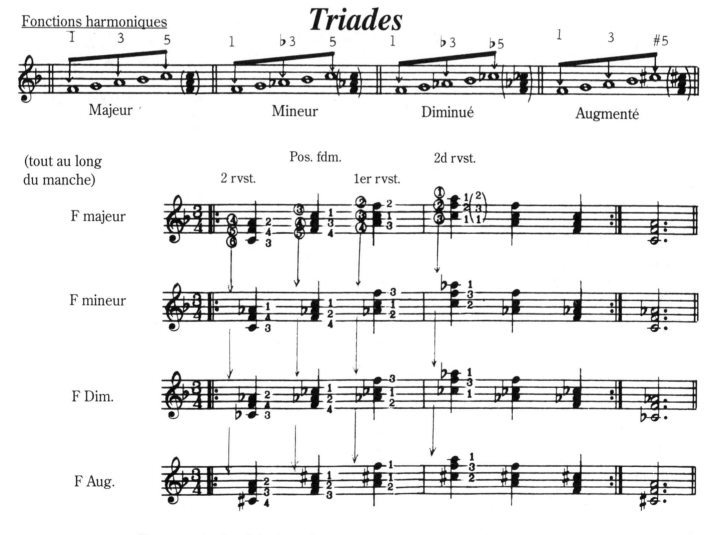

(Prenez note des doigtés et des notes communes d'un schéma à l'autre)

GUITARE RYTHMIQUE – LA MAIN DROITE

De façon à produire un équilibre rythmique correct, toutes les notes d'un accord doivent sonner au même instant. Cela peut être effectué par un mouvement tournant de l'avant-bra, dirigé vers le bas, le poignet souple, comme si vous vouliez chasser une poussière du dos de votre main. Le médiator doit se déplacer très rapidement sur les cordes de façon à simuler le son du phrasé pizzicato que l'on produit sur une contrebasse.

Notation : ⊓ = attaque vers le bas (aller)   V = attaque vers le haut (retour)

⸙ = attaque étouffée des cordes – doigts joints

❜ = pression relâchée – immédiatement après la production du son

(Observation : toutes les attaques "de base" produisent généralement un meilleur résultat quand elles sont effectuées dans le cadre d'une section de rythme partielle ou lorsque la guitare joue seule).

Attaque de base, pompes à 4/4 et 2/4 | Pompe à 4/4 orchestrale | Variante

(souvent légèrement accentuée)

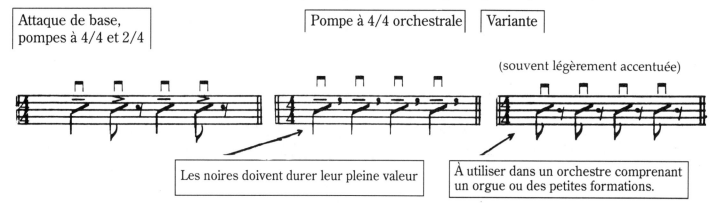

Les noires doivent durer leur pleine valeur

À utiliser dans un orchestre comprenant un orgue ou des petites formations.

Exercice (pratiquez dans les 3 styles, avec emphase en contexte orchestral)

G6   A♭°   Am7   D7♭9   G6

Observation: La difficulté principale dans l'attaque orchestrale ci-dessus est de produire une sonorité compacte, incisive, tout en laissant bien sonner l'accord.

Attaque orchestrale à 2 temps

(*) Il est parfois judicieux en pratique de frapper légèrement les premières cordes (étouffées) sur le retour d'attaque vers le haut, là où sont indiqués des silences.

Exercice   G6   A♭°   Am7   D7♭9   G6

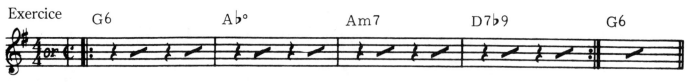

Veillez à pratiquer ceci sur tempi lent, moyen et rapide. En apprenant ces rythmiques, il est nécessaire de marquer les temps avec le pied… d'abord les temps 1 et 3, puis 1, 2, 3, 4.

Pompe 4/4 orchestrale rapide à très rapide

Tapez du pied "à la blanche" (temps 1 et 3)

Faites sonner les attaques retour de médiator comme les attaques aller, en donnant la préférence aux cordes graves sur les attaques retour. Il se produira un léger accent naturel sur les temps 2 et 4 dans la mesure où les attaques aller frapperont les cordes graves en premier – ce qui est approprié et ressemblera à la façon dont les batteurs font sonner la cymbale charleston sur ces temps.

Exercice

Cette technique de main droite est difficile à maîtriser mais elle est extrêmement efficace pour maintenir des tempi extrêmement rapides (et stables comme le roc) avec très peu d'effort.

ÉTUDE D'ACCORDS No. 7

3/8 Chaque croche compte pour 1 temps

Valse modérément rapide (Toutes les notes reliées par une ligne courbe doivent résonner).

GAMME DE G MAJEUR ASCENDANT – 5 POSITIONS

Doigté Type 2

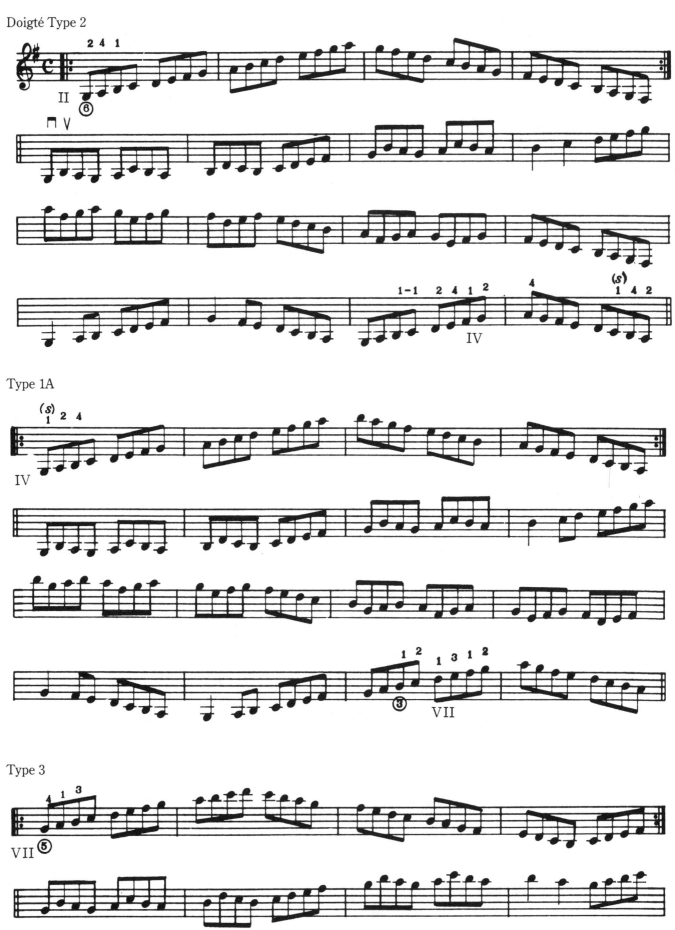

Type 1A

Type 3

(G maj. ascendant)

Type 1

Type 4

GAMME DE G MAJEUR DESCENDANT – 5 POSITIONS

Doigté Type 4

Type 1

Type 3

Type 1A

Type 2

SEA-SEE-SI (DUO)

Lentement

(Les durées de notes sont relatives – les doubles croches ne sont pas toujours très rapides)

DIAGRAMMES D'ACCORDS

À partir d'ici, la plupart des diagrammes d'accords sont hautement concentrés. Je vous recommande donc de pratiquer un ensemble à la fois en poursuivant l'étude. N'hésitez pas à réviser périodiquement jusqu'à ce que vous maîtrisiez tous les diagrammes et séquences.

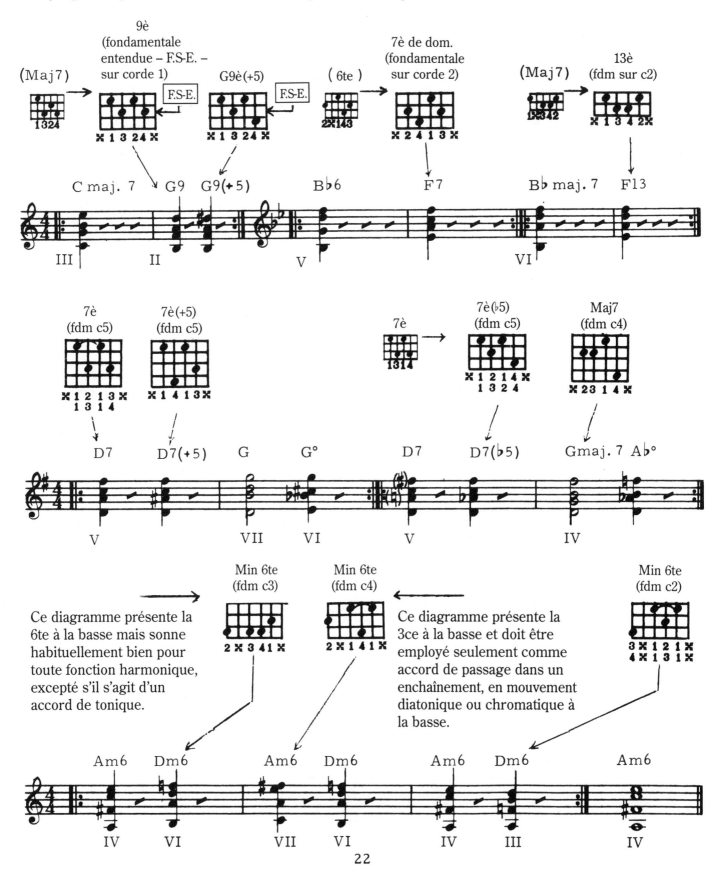

TRIADES

Fonction harmonique

1 3 5	1 ♭3 5	1 ♭3 ♭5	1 3 #5

Majeure — Mineure — Diminuée — Augmentée

(tout au long du manche)

1er rvst. — 2d rvst. — Pos. fdm. — 1er rvst.

G majeur

G mineur

G diminué

G augmenté

EXERCICES D'EXTENSIONS DE DOIGTS

VII — VI — V — VI

VII — VI — V — VI

GAMME DE D MAJEUR – ASCENDANT – 5 POSITIONS

Doigté Type 3

Type 1

Type 4

24

(D maj. – ascendant)

Type 2

Type 1A

GAMME DE D MAJEUR – DESCENDANT – 5 POSITIONS

ÉTUDE MÉLODICO-RYTHMIQUE No. 3 (DUO)

LES INTERVALLES

(intervalle = nombre de tons et demi-tons d'une note à une autre)

1.

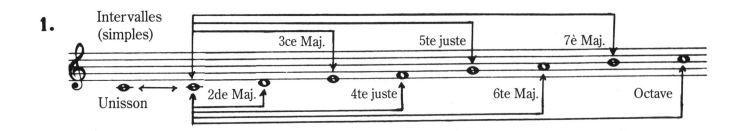

Les terminologies ci-dessus constituent les degrés et les fonctions harmoniques de la gamme… et aussi l'INTERVALLE COMPTÉ À PARTIR DE LA TONIQUE.

(1) Si la note supérieure est issue de la GAMME MAJEURE à partir de la note grave, l'intervalle est appelé… 2de Majeure, 3ce Maj., 6te Maj. 7è Maj. ou 4te juste, 5te juste, Octave.

(2) Les intervalles MAJEURS raccourcis d'un demi-ton sont appelées MINEURS. Les intervalles JUSTES raccourcis d'un demi-ton ou d'un ton sont appelés DIMINUÉS. Tout intervalle MAJEUR ou JUSTE allongé d'un demi-ton est appelé AUGMENTÉ.

2.

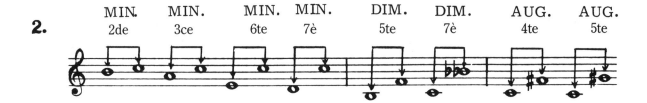

Quand seul le terme numérique (3ce, 4te, etc.) est employé, il s'agit d'intervalles MAJEURS et JUSTES. Les intervalles AUGMENTÉS, DIMINUÉS et MINEURS doivent être nommés spécifiquement.

(3) Les INTERVALLES COMPOSÉS (au-delà de l'octave) dérivent des intervalles simples (compris dans l'octave). Par ex., une 2de Maj. ou 2de Min. plus une octave = une 9è Maj. ou 9è Min.

Intervalles (composés)

3.

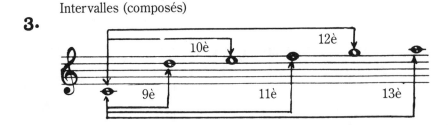

TRIADES

Fonctions harmoniques

Majeure   Mineure   Diminuée   Augmentée

(Tout au long du manche. Faites bien attention aux doigtés et aux cordes)

(Pos. fdm.)   (1er rvst.)   (2è rvst.)   (Pos. fdm.)

GAMME DE A MAJEUR – ASCENDANT – 5 POSITIONS

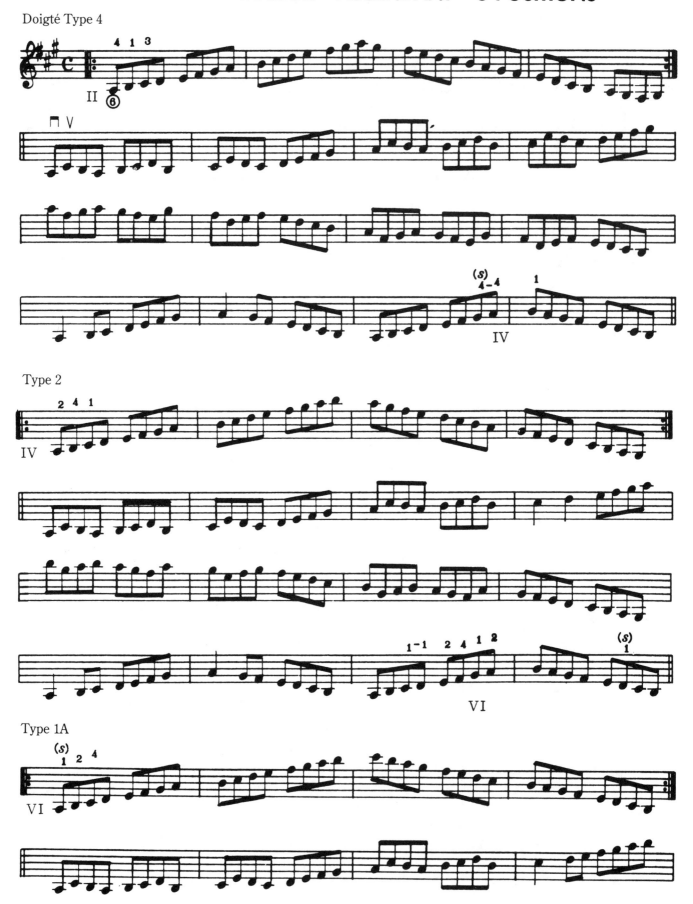

(A maj. – ascendant)

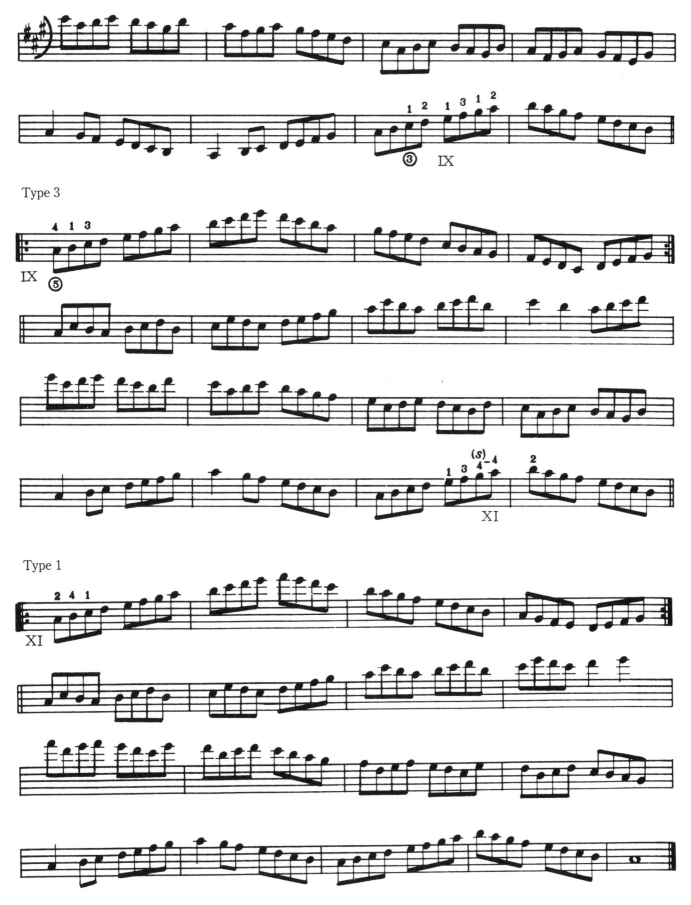

Type 3

Type 1

31

GAMME DE A MAJEUR – DESCENDANT – 5 POSITIONS

ÉTUDE D'ACCORDS No. 8

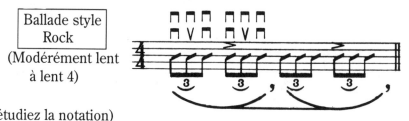

GUITARE RYTHMIQUE – LA MAIN DROITE

Ballade style
Rock
(Modérément lent
à lent 4)

De très brefs relâchements
de pression doivent être
effectués après les temps 4
ou 2 et 4.

Exercice (étudiez la notation)

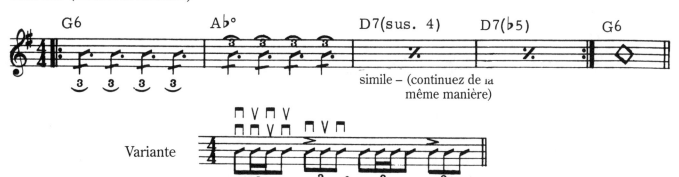

simile – (continuez de la
même manière)

Variante

Exercice (étudiez la notation)

Observation : ces attaques sont adaptées à la production d'une pulsation rythmique régulière,
en contexte acoustique comme amplifié (registre aigu).

DIAGRAMMES D'ACCORDS

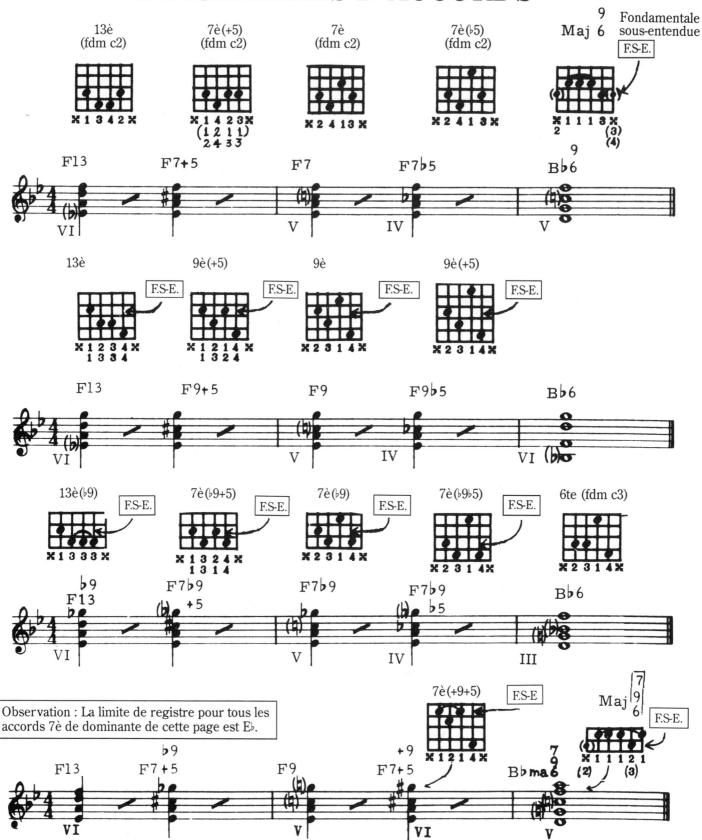

Ne cherchez pas pour le moment à comprendre théoriquement ces accords complexes. Nous en reparlerons dans un chapitre ultérieur. Il importe ici que vous vous habituiez à passer ces accords et éventuellement à en mémoriser tous les diagrammes, types et positions sur le manche.

Notez que les diagrammes que voici sont les mêmes que ceux présentés en page précédente. Les fondamentales des accords sont cependant différentes, ainsi que les enchaînements. Il vous faudra sans doute beaucoup de temps pour les apprendre vraiment.

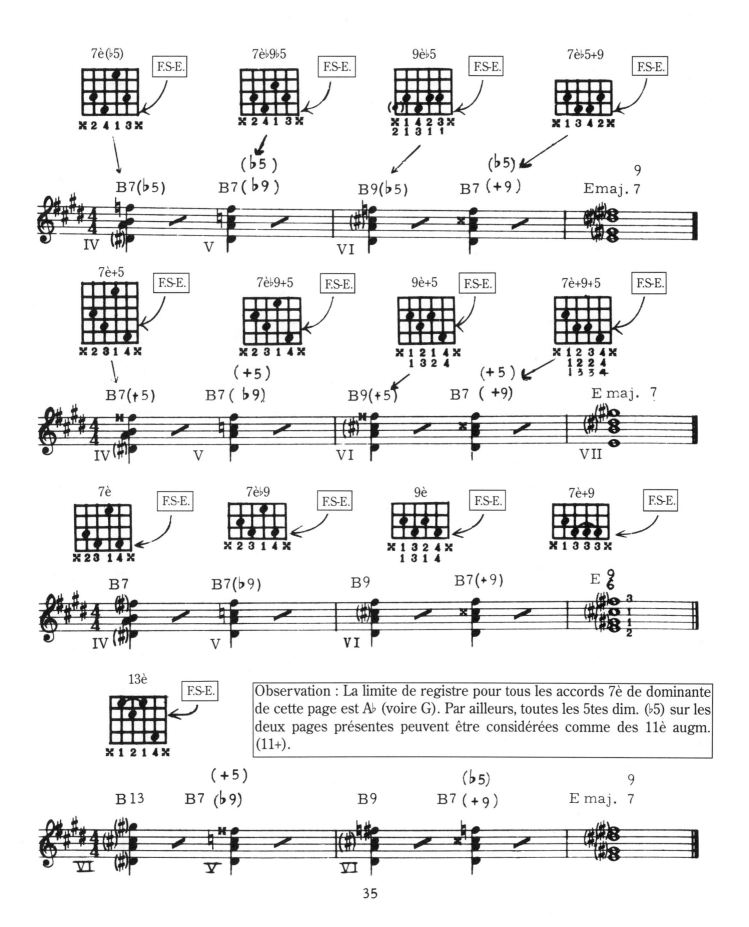

Observation : La limite de registre pour tous les accords 7è de dominante de cette page est A♭ (voire G). Par ailleurs, toutes les 5tes dim. (♭5) sur les deux pages présentes peuvent être considérées comme des 11è augm. (11+).

TRANQUILITY (DUO)

(laissez résonner les notes durant leur pleine valeur)

TRIADES

Fonctions harmoniques

Majeure Mineure Diminuée Augmentée

(Tout au long du manche. Faites bien attention aux doigtés et aux cordes)

A majeur

(Pos. fdm.) (1er rvst.) (2d rvst.) (Pos. fdm.)

A mineur

A dim.

A augm.

37

GAMME DE B♭ MAJEUR – ASCENDANT – 5 POSITIONS

Doigté – Type 4

Type 2

Type 1A

(B♭ maj. – ascendant)

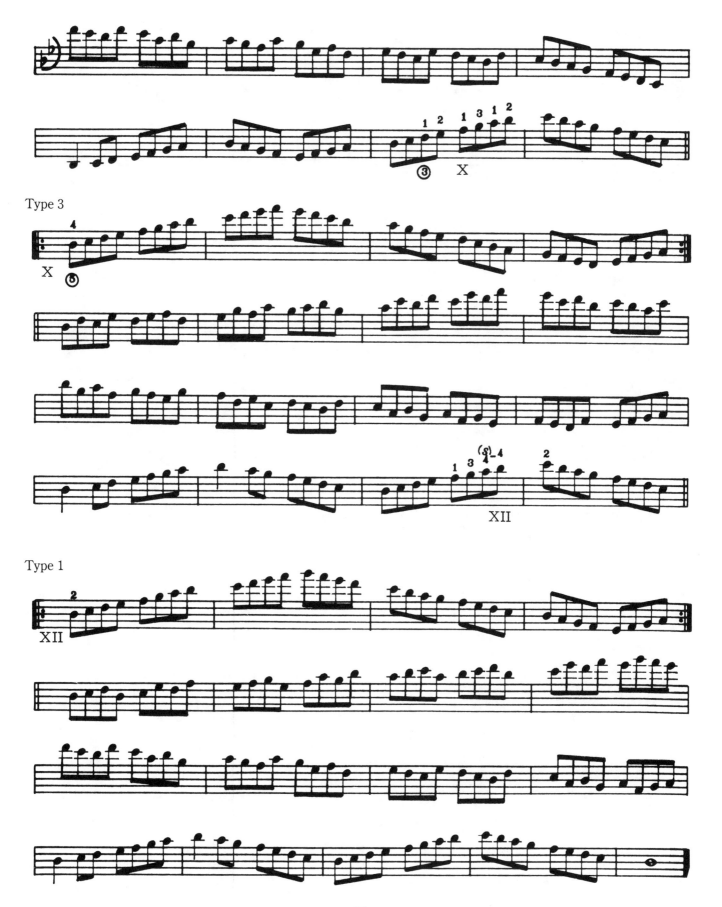

39

GAMME DE B♭ MAJEUR – DESCENDANT – 5 POSITIONS

VALSE EN B♭ (DUO)

Tempo de valse modéré

41

ÉTUDE MÉLODICO-RYTHMIQUE No. 4

Les valses rapides sont souvent comptées "au temps 1"... les temps 2 et 3 étant simplement sous-entendus. La mesure à 6/8 est habituellement subdivisée en deux (ce qui est comparable à 2 mesures de valse rapide). Cependant, un 6/8 lent est compté 1-2-3-4-5-6(chaque croche dure sa pleine valeur).

(Ceci est une notation comparée – pas un duo)

(les durées des notes sont assujetties au tempo et à l'assise rythmique)

EXERCICES D'EXTENSIONS

42

TRIADES

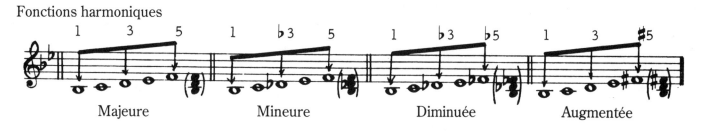

Fonctions harmoniques

| 1 | 3 | 5 | 1 | ♭3 | 5 | 1 | ♭3 | ♭5 | 1 | 3 | ♯5 |

Majeure   Mineure   Diminuée   Augmentée

(Tout au long du manche. Faites bien attention aux doigtés et aux cordes)

B♭ majeur

(1er rvst.)   (2d rvst.)   (Pos. fdm.)   (1er rvst.)

B♭ mineur

B♭ dim.

B♭ augm.

43

GAMMES PENTATONIQUES (5 NOTES)

(préparation efficace pour l'étude des arpèges)

Majeure (fonctions 1, 2, 3, 5, 6 de la gamme majeure)

ÉTUDE DU TREMOLO

(répétition rapide de la même note)

Dans un premier temps, pratiquez lentement, avec un flot rythmique régulier. Ensuite, augmentez graduellement le tempo mais conservez un flot régulier. Pratiquez tout "Loco" (c'est-à-dire dans la même octave, comme écrit), mais aussi 8va (une octave plus haute qu'écrit).

Exercice 1

(attention aux attaques de médiator !)

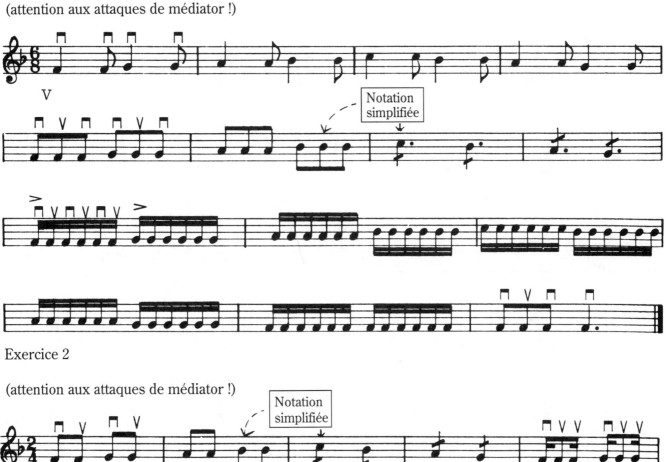

Exercice 2

(attention aux attaques de médiator !)

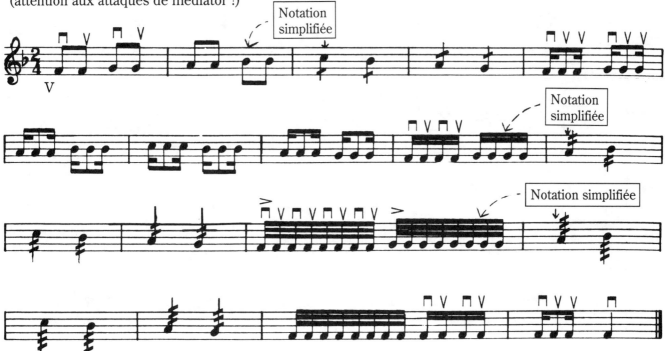

GAMME DE E♭ MAJEUR – ASCENDANT – 5 POSITIONS

(E♭ maj. – ascendant)

Type 2

Type 1A

GAMME DE E♭ MAJEUR DESCENDANT – 5 POSITIONS

En transposant les 5 positions précédentes de gamme majeure à écart d'un demi-ton vers le haut ou le bas (une case, ou position), vous pouvez produire toutes les gammes majeures possibles. Par exemple : D maj. pos. II à D♭ maj. pos. I ; E♭ maj. pos. III à E maj. pos. IV.

Ce mêmes sept études (5 positions) peuvent être employées en pratique si vous changez simplement l'armure et les indications de position.

Comme toujours, les informations écrites supplémentaires doivent être employées pour apprendre ces nouvelles tonalités.

DIAGRAMMES D'ACCORDS

RÉVISION DE LA GAMME MAJEURE –
POSITIONS II, III, V

(révision de la gamme majeure – suite)

La construction d'une gamme majeure (en direction ascendante) à partir de n'importe quelle note s'effectue en utilisant la succession suivante d'intervalles de ton et demi-ton.

2 2 1 2 2 2 1	2 2 1 2 2 2 1	2 2 1 2 2 2 1
C D E F G A B C	F G A B♭ C D E F	G A B C D E F♯ G

Prenez bonne note des demi-tons survenant entre la 3ce et la 4te, et entre la 7è et la Tonique, ce qui doit rester vrai pour toutes les gammes majeures. C'est du reste la présence de ces demi-tons qui induit la présence des dièses ou des bémols placés à l'armure et qui servent à indiquer la tonalité.

TRIADES

Fonctions harmoniques

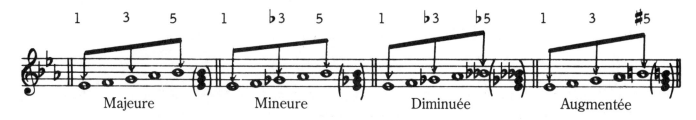

Majeure   Mineure   Diminuée   Augmentée

(Tout au long du manche. Faites bien attention aux doigtés et aux cordes)

THÉORIE – TRIADES DIATONIQUES
(TONALITÉS MAJEURES)

(toutes les notes appartiennent à la même tonalité)

1) En toute tonalité de gamme majeure il existe 7 notes, qui engendrent 7 accords. Ces accords diatoniques sont obtenus en superposant des 3ces à partir de chaque note de la gamme, et les structures harmoniques (maj., min., dim. qui en résultent) seront telles que voici dans toutes les tonalités majeures :

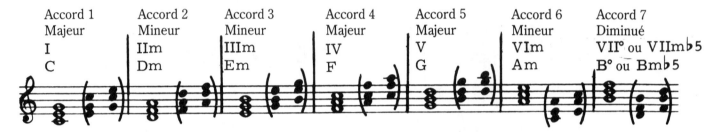

Accord 1 Majeur	Accord 2 Mineur	Accord 3 Mineur	Accord 4 Majeur	Accord 5 Majeur	Accord 6 Mineur	Accord 7 Diminué
I	IIm	IIIm	IV	V	VIm	VII° ou VIIm♭5
C	Dm	Em	F	G	Am	B° ou Bm♭5

Les chiffres romains servent à représenter ces structures harmoniques (veillez à ne pas les confondre avec des indications de positions). Vous devez mémoriser les noms et structures dans toutes les tonalités majeures.

2) Les principaux accords et cadences (enchaînements d'accords) dans les tonalités majeures sont :

I V I, appelé CADENCE PARFAITE —> C G C (en tonalité de C)
I IV I, appelé CADENCE PLAGALE —> C F C (en tonalité de C)
ou la combinaison I IV V I, (CADENCE PARFAITE) —> C F G C (en tonalité de C)

Assez récemment, l'accord de IIm a remplacé IV dans la cadence parfaite : I IIm V I —> C Dm G C (en tonalité de C).

3) Il existe trois sonorités harmoniques fondamentales dans chaque tonalité majeure, qui sont représentées par ces structures harmoniques diatoniques, et les termes spécifiques suivants sont employés pour les nommer : "Tonique" = accord I, "Sous-dominante" = accord IV, "Dominante" = accord V. Il existe aussi des noms pour les accords construits sur tous les autres degrés de la gamme mais nous ne les aborderons pas ici dans la mesure où ils n'ont aucun rapport direct avec ces trois sonorités fondamentales ; ces noms se réfèrent habituellement à un nombre. Par ex., l'accord de deux (II), l'accord de trois (III), l'accord de (VI), etc.

4) Les (7) accords de la tonalité majeure tissent des liens entre eux, qui reposent sur les trois sonorités fondamentales. Le I, IIIm et le VIm, produisent tous une sonorité de type "tonique" ; le IIm et le IV produisent une sonorité de "sous-dominante" ; et les V et VIIm♭5 produisent une sonorité "dominante". Ces liens sont d'une importance capitale au regard des relations gammes/accords, que nous étudierons plus loin, et des substitutions dans l'improvisation.

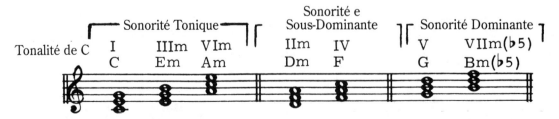

Tonalité de C	Sonorité Tonique			Sonorité e Sous-Dominante		Sonorité Dominante	
	I	IIIm	VIm	IIm	IV	V	VIIm(♭5)
	C	Em	Am	Dm	F	G	Bm(♭5)

Mémorisez les noms des accord et les structures (diatoniques) dans toutes les tonalités majeures.

TRIADES DIATONIQUES – TONALITÉ DE G MAJEUR

Arpèges et gammes

Doigté Type 2

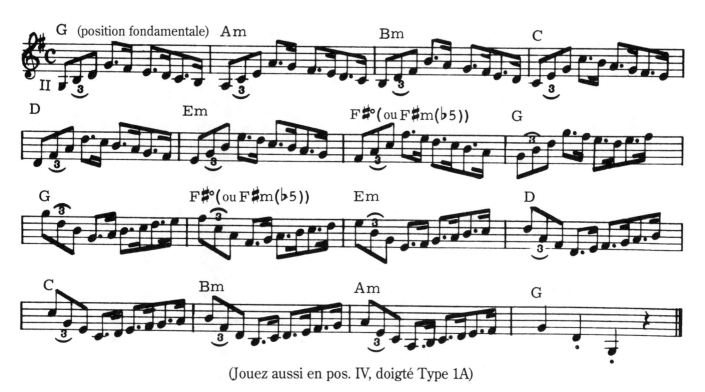

(Jouez aussi en pos. IV, doigté Type 1A)

Doigté Type 3

TONALITÉ DE F MAJEUR

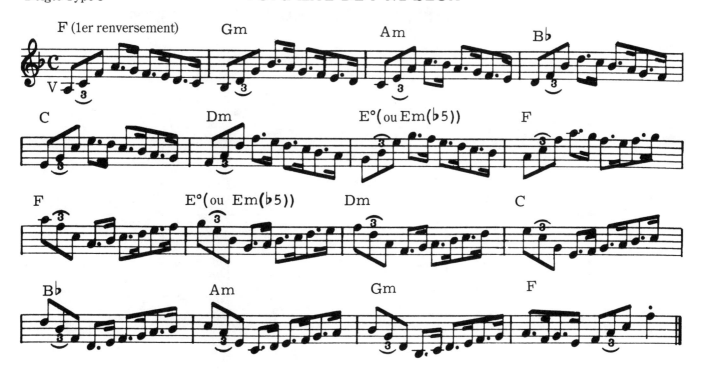

Observation : lorsque deux notes consécutives doivent être jouées par le même doigt sur deux cordes adjacentes, "articulez" le bout du doigt d'une corde à l'autre. Ne relevez pas le doigt des cordes.

TRIADES DIATONIQUES – TONALITÉ DE B♭ MAJEUR

Doigté Type 4

(Arpèges et gammes)

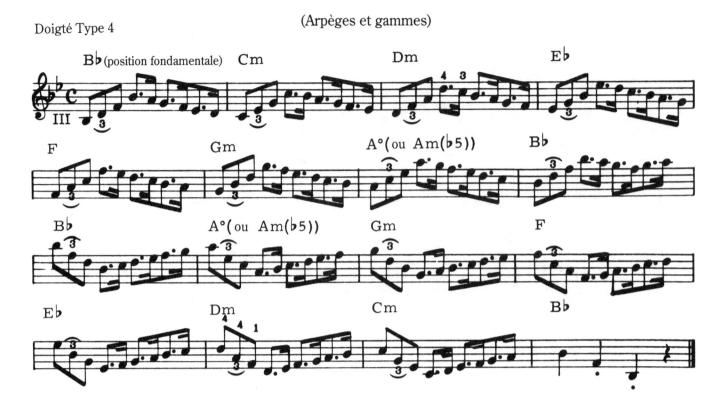

TRIADES DIATONIQUES – TONALITÉ DE E♭ MAJEUR

Doigté Type 1

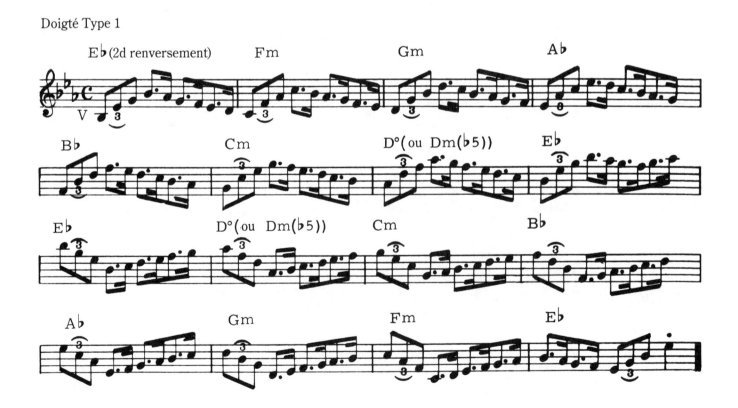

ÉTUDE EN 5È POSITION (DUO)

EXERCICE SUR LES TRIADES MAJEURES vers le haut et le bas du manche, en utilisant tous les renversements sur les mêmes cordes (incorporation de 4 groupes de 3 cordes adjacentes).

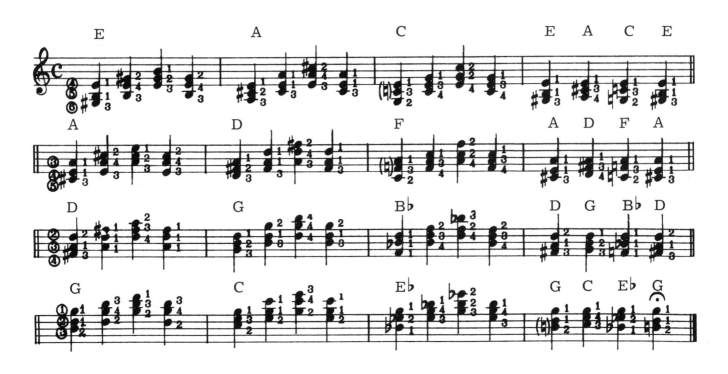

EXERCICE SUR LES TRIADES MINEURES vers le haut et le bas du manche, en utilisant tous les renversements sur les mêmes cordes (incorporation de 4 groupes de 3 cordes adjacentes).

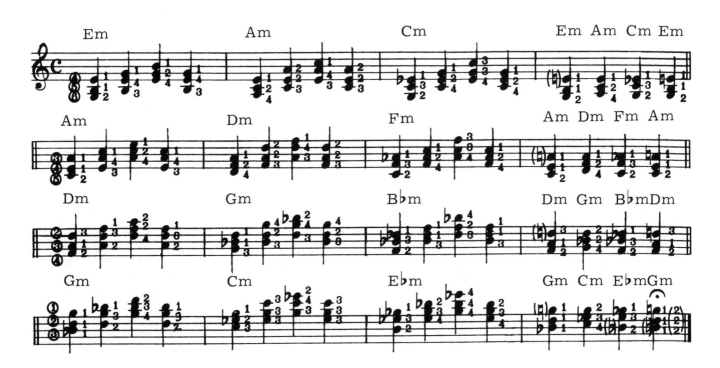

DEUXIÈME PARTIE

ARPÈGES SUR UNE OCTAVE – TRIADES

(Doigtés dérivés des gammes – tout au long du manche)

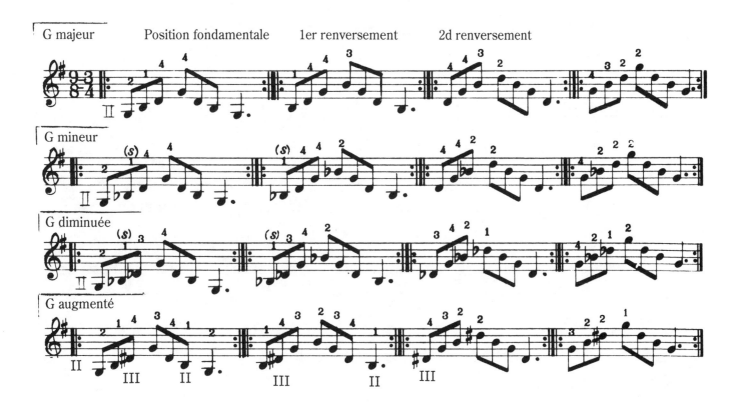

Transposez sur la guitare (en vous déplaçant vers l'aigu, strictement), et en pratiquant les arpèges précédents dans les tonalités suivantes : A, B♭, C, D et E♭. Tous les noms d'accords doivent être entièrement mémorisés.

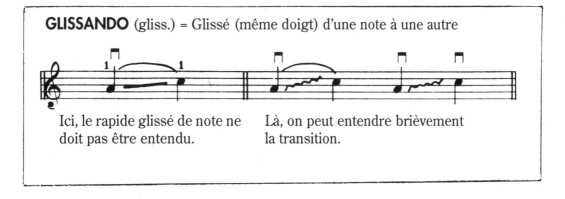

GLISSANDO (gliss.) = Glissé (même doigt) d'une note à une autre

Ici, le rapide glissé de note ne doit pas être entendu.

Là, on peut entendre brièvement la transition.

GAMME MINEURE MÉLODIQUE OU MINEURE JAZZ

La gamme MINEURE MÉLODIQUE dérive des schémas précédents de gamme majeure par simple "bémoli-sation" (1 demi-ton) du 3è degré (3è note). C'est une relation de gamme majeur tonique à mineure relative. Toutes les notes dans cette gamme mineure mélodique restent les mêmes : ascendante et descendante.

Dans les études consacrées au fil des pages suivantes à la gamme mineure mélodique, des tonalités majeures sont employées pour simplifier la conversion de majeur à mineur. Toutes les positions de jeu sont exactement les mêmes.

Vous devez pratiquer ces gammes mineures avec concentration, dans la mesure ou, au début, elles sont dif-ficiles à assimiler auditivement. Et si elles vous demandent un effort considérable, le jeu en vaut la chandelle car elles jouent un très grand rôle dans l'improvisation (cette application sera débattue ultérieurement).

GAMME DE C MINEUR MÉLODIQUE – 5 POSITIONS

(C Min. mélod.)

Doigté dérivé du type 1A

Doigté dérivé du type 3

fine

GUITARE RYTHMIQUE – LA MAIN DROITE

Rythme "shuffle",
attaque de base

C'est un rythme très stable, mais plus adapté à une section rythmique partielle dans la mesure où tous les accents tombent "sur les temps".

Exercice (étudiez la notation)

Simile

Pulsation orchestrale de remplacement

Difficile à maîtriser. En l'apprenant, tapez du pied à quatre temps.

(Observation : Cette attaque accentue les "temps en l'air" et présente donc un intérêt accrû au regard de son utilisation au sein d'une section rythmique)

Exercice (étudiez la notation)

(les attaques précédentes de rythme "shuffle" s'appliquent aussi aux parties rythmiques à 6/8)

ÉTUDE DE VÉLOCITÉ

Le tempo doit être constant tout du long

(Pour la pratique avec d'autres doigtés, changez l'armure en passant en C, F, D, et A)

DIAGRAMMES D'ACCORDS

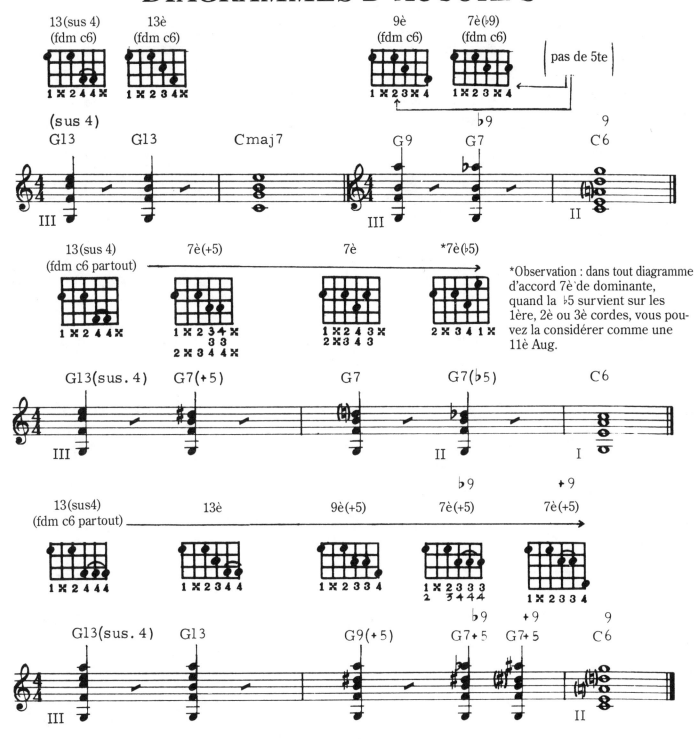

*Observation : dans tout diagramme d'accord 7è de dominante, quand la ♭5 survient sur les 1ère, 2è ou 3è cordes, vous pouvez la considérer comme une 11è Aug.

Exercice utilisant certains des diagrammes ci-dessus. OBSERVEZ ATTENTIVEMENT les doigtés (et leurs rapports).

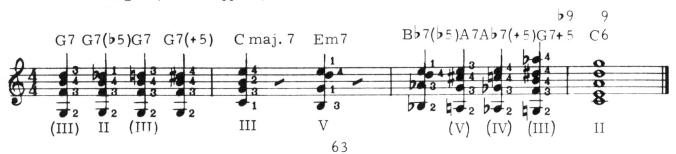

ÉTUDE MÉLODICO-RYTHMIQUE *No. 5 (DUO)*

ARPÈGES SUR UNE OCTAVE – TRIADES

(Doigtés dérivés des gammes – tout au long du manche)

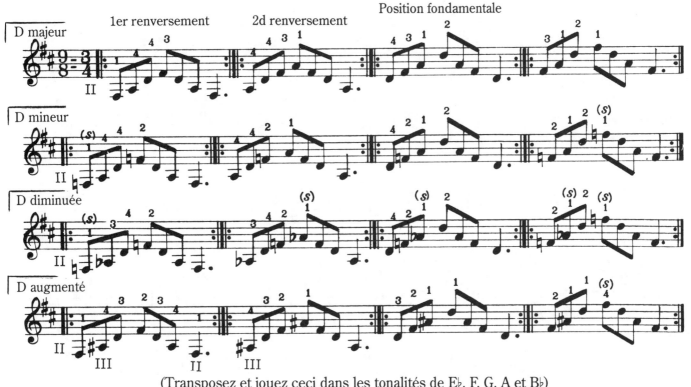

(Transposez et jouez ceci dans les tonalités de E♭, F, G, A et B♭)

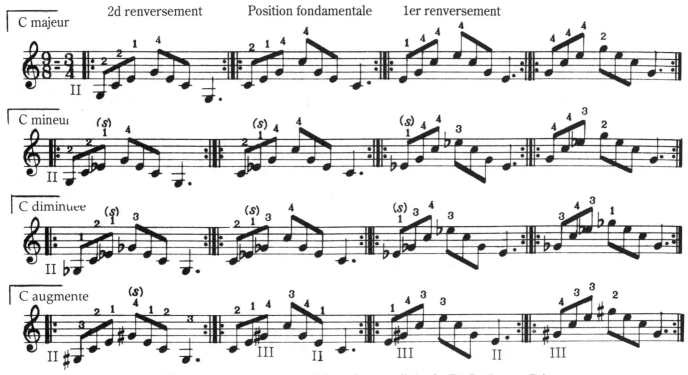

(Transposez et jouez ceci dans les tonalités de E♭, F, G, A et B♭)

GAMME DE F MINEUR MÉLODIQUE – 5 POSITIONS

Doigté dérivé du Type 1A

Doigté dérivé du Type 3

Doigté dérivé du Type 1

Doigté dérivé du Type 4

(F min. mélod.)

Doigté dérivé du Type 2

Pour pratiquer plus encore la gamme mineure mélodique, référez-vous au Volume 1 : jouez les études de lecture et de vélocité en abaissant d'un demi-ton toutes les 3ces majeures.

ÉTUDE EN 5È POSITION No. 2 (DUO)

ARPÈGES SUR UNE OCTAVE – TRIADES

(Doigtés dérivés des gammes – tout au long du manche)

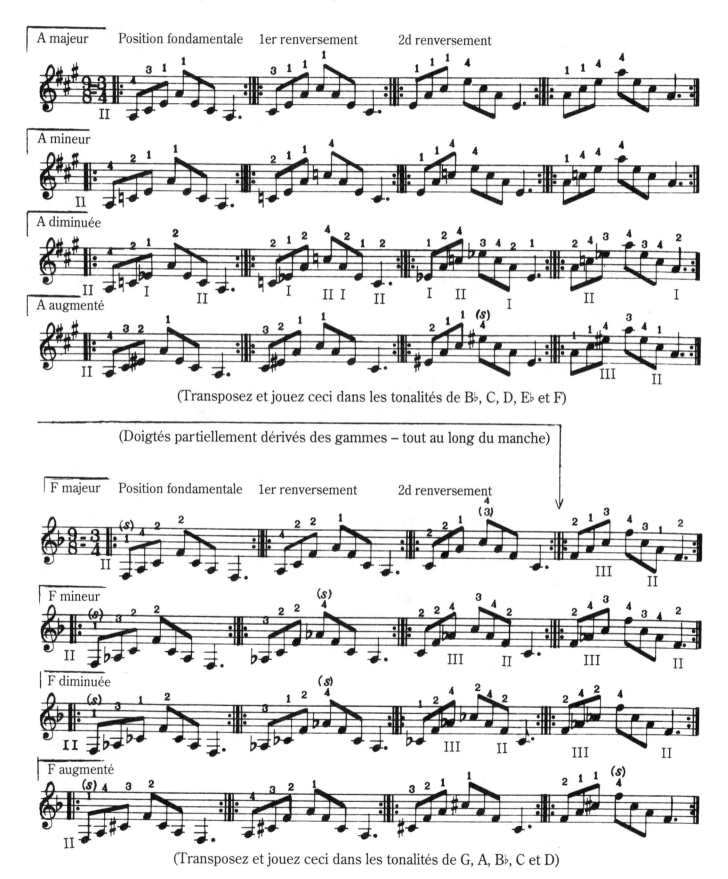

(Transposez et jouez ceci dans les tonalités de B♭, C, D, E♭ et F)

(Doigtés partiellement dérivés des gammes – tout au long du manche)

(Transposez et jouez ceci dans les tonalités de G, A, B♭, C et D)

DIAGRAMMES D'ACCORDS

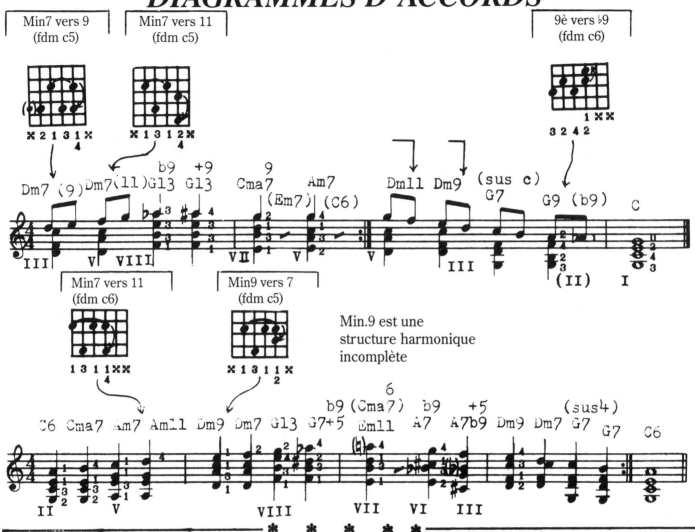

Min.9 est une
structure harmonique
incomplète

LIAISONS MÉLODIQUES ("hammer-on" et "pull-off")

Forme ascendante (hammer-on) – indiquée par une ligne courbe sur 2 notes ou plus. Attaquez seulement la 1ère note et poussez/martelez franchement le(s) doigt(s) de la main gauche sur la corde pour produire les autres notes.

Forme descendante (pull off) – préparez/positionnez le groupe intégral de notes avec les doigts main gauche à l'emplacement adéquat. Attaquez seulement la 1ère note avec la main droite. Relevez en tirant les doigts main gauche pour faire sonner les autres notes que comprend la liaison mélodique, tirez les doigts vers votre paume afin que la corde soit de nouveau attaquée.

Lorsque vous jouez avec des cuivres (utilisation de la guitare électrique), il est habituellement judicieux de glisser d'une note à l'autre quand une liaison mélodique est requise. Cela ne produit aucune attaque sur la 2de note, et donc cela sonne plus "cuivre". (Observation : veillez à faire la différence entre une indication de phrasé et une liaison mélodique. Une indication de phrasé inclut généralement un large groupe de notes et nécessite l'emploi d'un legato, d'une douce transition entre les notes. Vous pouvez aussi guetter la césure de phrase, ou la respiration de fin d'indication de phrasé que le trompettiste effectuera. Si vous désirez obtenir un équilibre parfait entre vous et les cuivres, vous devez soigner l'exécution (la virgule (...) est aussi employée pour indiquer à quel endroit il convient de césurer la phrase ou de respirer.

THÉORIE – ACCORDS DE 7È DIATONIQUES
(TONALITÉS MAJEURES)

(Tout accord diatonique dans une tonalité donnée est construit au moyen de 3ces superposées)

1) En ajoutant une autre note située une 3ce au-dessus des triades diatoniques, nous pouvons construire un accord de quatre sons courant, relatif à une tonalité majeure (voir Triades diatoniques, p. 54).

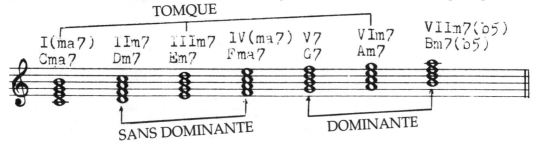

Observation : le VIIm7♭5 est parfois appelé "demi-diminué" (symbole = Ø)

Observez les rapports harmoniques entre les accords de tonique, sous-dominante. et dominante.

Notez aussi : le IIIm7 est souvent considéré comme un accord intermédiaire dans une séquence sous-dominante.

Exemples :

| IV | IIIm7 | IIm7 | (V7 | I)... | IIm7 | IIIm7 | IV | (V7 | I) |
| Fma7 | Em7 | Dm7 | (G7 | Cma7).. | Dm7 | Em7 | Fma7 | (G7 | Cma7) |

2) À cause de la dissonance qui peut se produire dans le registre aigu, les structures harmoniques de 4 sons employées sur le un (1) et le quatre (4) sont souvent des accords de 6te. Ces derniers, construits sur les degrés 1, 3, 5, 6, d'une gamme majeure, peuvent être considérés comme des substitutions : VIm7 pour I, et IIm7 pour IV (en tonalité de C, Am7 = C6 ; Dm7 = F6).

3) Les substitutions IIIm7 ou VIm7 pour I, IIm7 pour IV et VIIm7♭5 pour V7 sont particulièrement efficaces quand on désire créer des lignes de basse tonalement puissantes (1 & 5) qui rehaussent les structures harmoniques.

EXEMPLE :

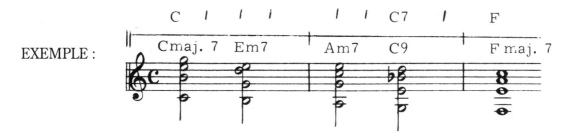

Tous les accords (noms et structures) doivent être mémorisés dans toutes les tonalités.

ARPÈGES – ACCORDS DE SEPTIÈME DIATONIQUES

(tous accords de 4 sons – tous renversements – tonalité de G majeur)

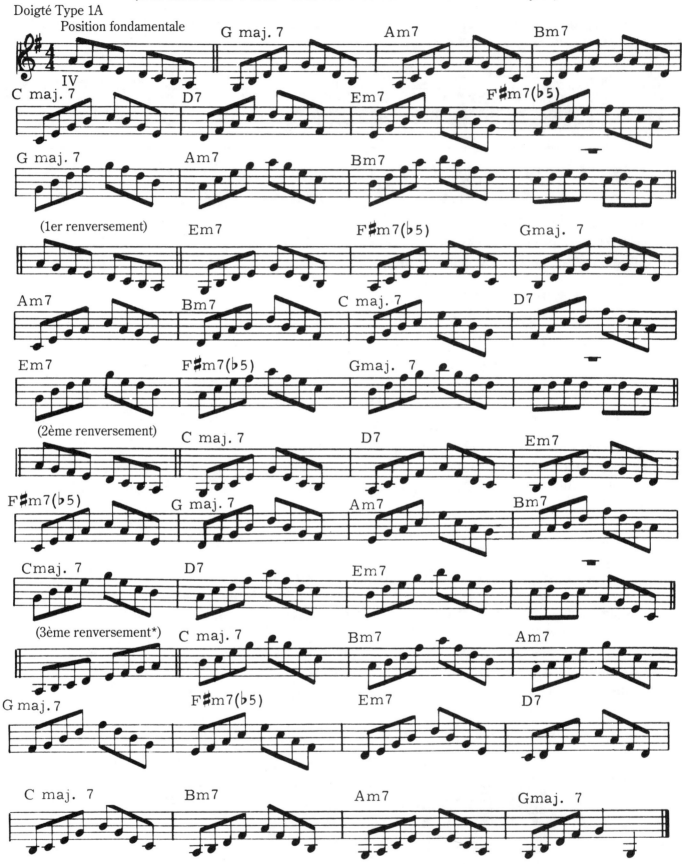

(* 3ème renversement = la 7è est à la basse)

ARPÈGES – ACCORDS DE SEPTIÈME DIATONIQUES

(tous accords de 4 sons – tous renversements – tonalité de C majeur)

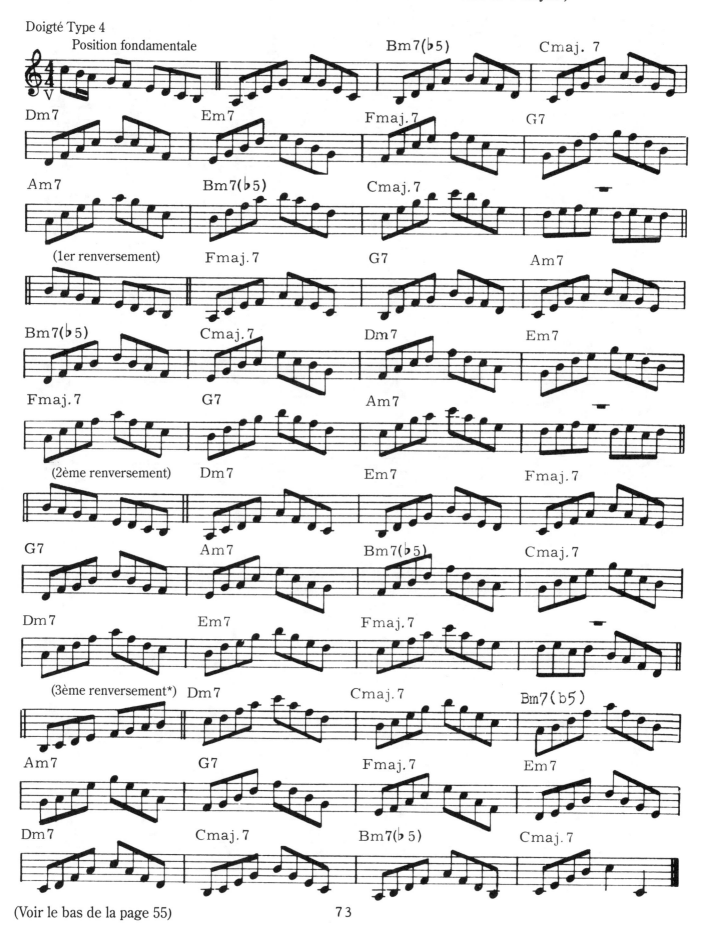

(Voir le bas de la page 55)   73

GAMME DE G MINEUR MÉLODIQUE – 5 POSITIONS

Doigté dérivé du Type 2

Doigté dérivé du Type 1A

Doigté dérivé du Type 3

Doigté dérivé du Type 1

74

(G min. mélod.)

Doigté dérivé du Type 4

DIAGRAMMES D'ACCORDS

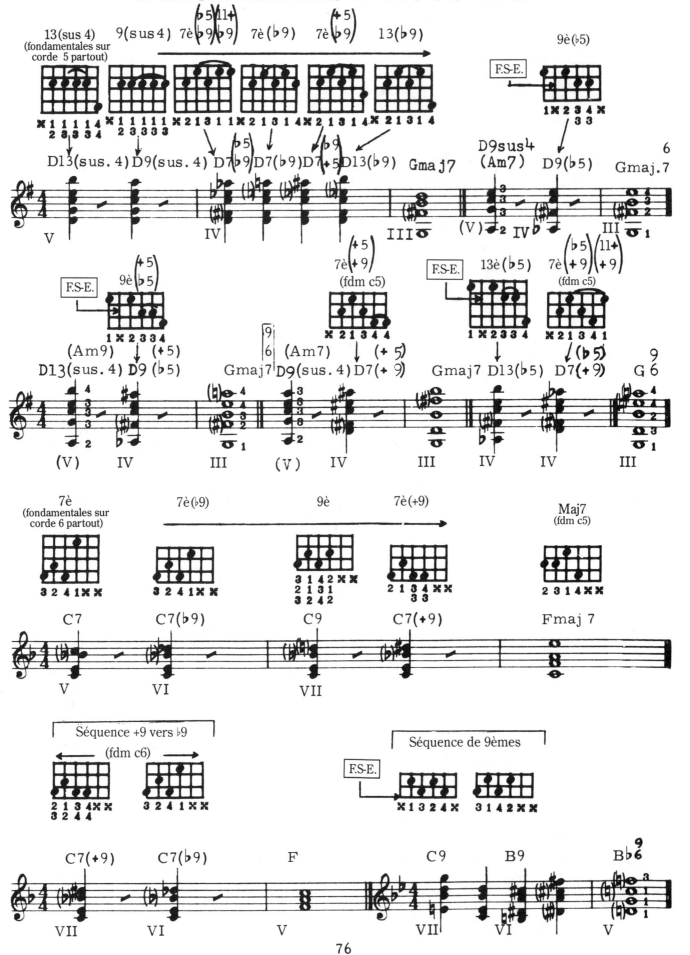

ARPÈGES SUR DEUX OCTAVES

TRIADE C MAJEUR À PARTIR DE LA FONDAMENTALE
(doigtés dérivés des gammes – tout au long du manche et vers l'aigu)

(Pratiquez tous ces schémas dans toutes les tonalités possibles)

ÉTUDE D'ACCORDS No. 9

77

THE WANDERER (DUO)

Modérément lent

(The Wanderer)

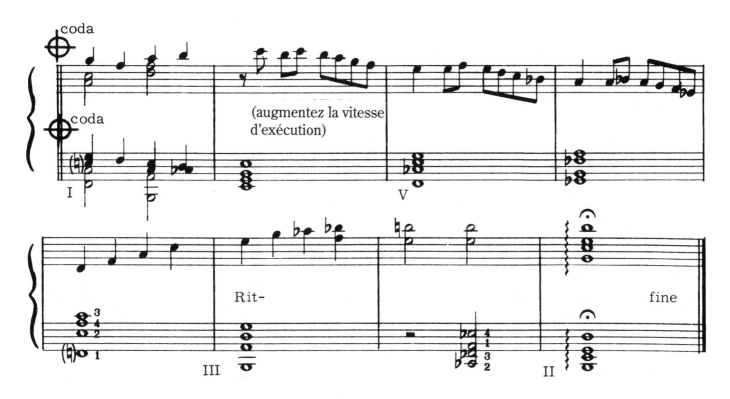

GUITARE RYTHMIQUE – LA MAIN DROITE

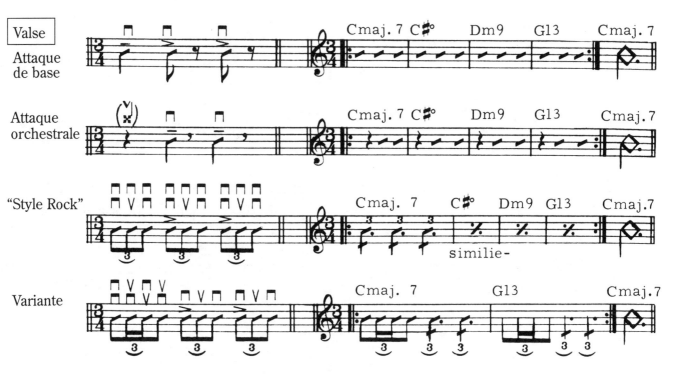

79

ARPÈGES – ACCORDS DE SEPTIÈME DIATONIQUES

(tous accords de 4 sons – tous renversements – tonalité de G majeur)

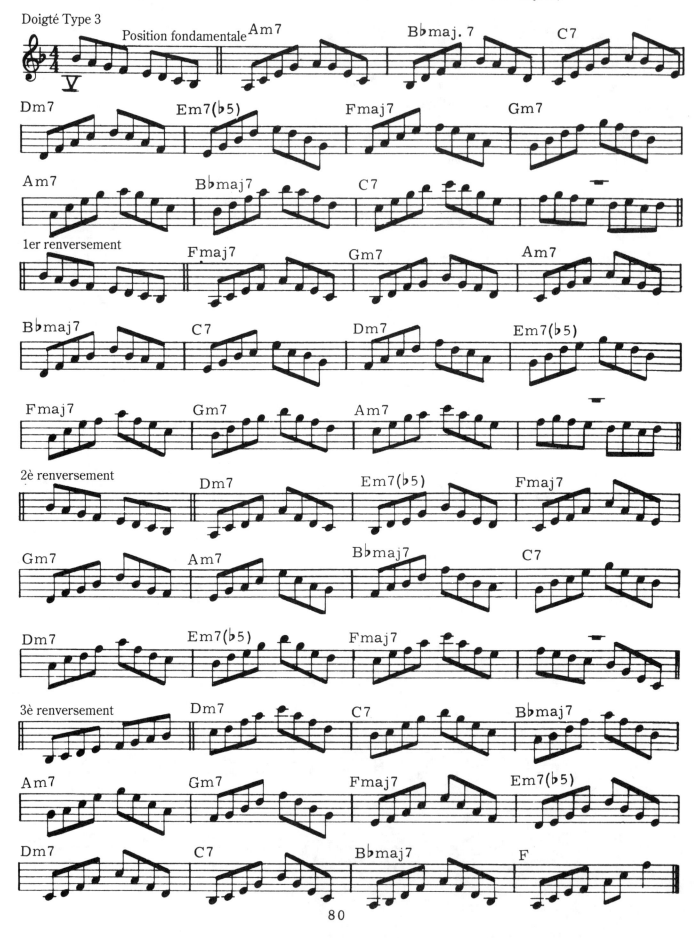

THÉORIE – RELATIONS GAMMES/ACCORDS

(à vocation d'improvisation*)

À PROPOS DES STRUCTURES DIATONIQUES

Toutes les notes d'une gamme majeure peuvent être employées mélodiquement sur les sept structures harmoniques générées par cette tonalité. Cependant, les notes d'une gamme situées un demi-ton au-dessus des notes d'un accord (1, 3, 5, 7 dans les harmonies diatoniques) doivent être de courte durée et employées seulement pour passer d'un accord au suivant.

EXEMPLE :

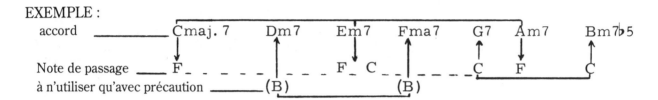

(Les idées mélodiques peuvent être créées à partir des notes d'une gamme utilisées dans n'importe quel ordre à partir du moment où vous prenez soin de ne pas démarrer sur ces notes de passage).

* Improvisation = création spontanée de musique habituellement basée sur la trame harmonique d'une chanson (toutes les notes sont issues des accords de la trame et reliées à des gammes).

Dans la mesure où, avant toute chose (pas de compromis), l'improvisation repose sur les accords d'une chanson, il est judicieux de "tourner autour" de la mélodie et de "remplir" seulement lorsque la mélodie présente des notes de longue durée.

Exemple :

(MÉLODIE ORIGINALE)

(avec "remplissages" et légères variations rythmiques basées sur la mélodie)

GAMME DE D MINEUR MÉLODIQUE – 5 POSITIONS

(D min. mélod.)

Doigté dérivé du Type 1A

DIAGRAMMES D'ACCORDS – 3CE À LA BASSE *

* Toute note proche du C, 5è corde (3è case) ou du C, 6è corde (8è case) ou plus grave définit un registre grave.

Tout accord exprimé avec un 3è degré à la basse présente une sonorité peu convaincante et doit être employé seulement quand on se dirige vers un nouveau renversement du même accord, ou utilisé comme accord de passage servant à produire un mouvement diatonique ou chromatique dans le grave.

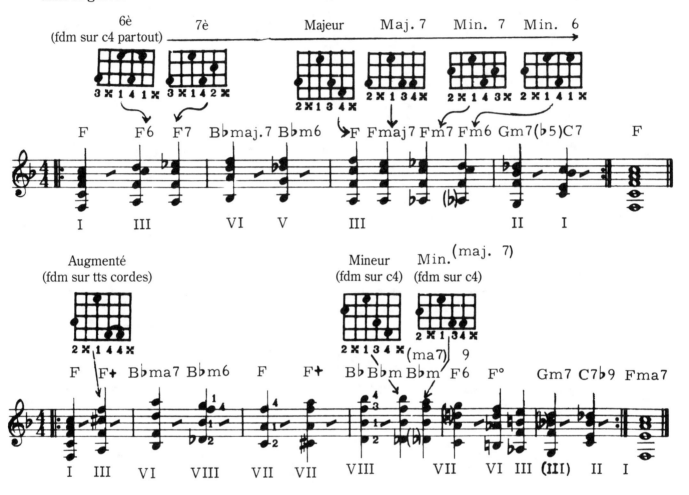

ÉTUDE D'ACCORDS No. 10

Rubato

ARPÈGES SUR DEUX OCTAVES

TRIADE DE G MAJEUR À PARTIR DE LA 3CE

(doigtés dérivés des gammes et des accords – tout au long du manche et vers l'aigu)

(Pratiquez tous ces schémas dans toutes les tonalités possibles)

TRIADE DE F MAJEUR À PARTIR DE LA 5TE

(tout au long du manche et vers l'aigu)

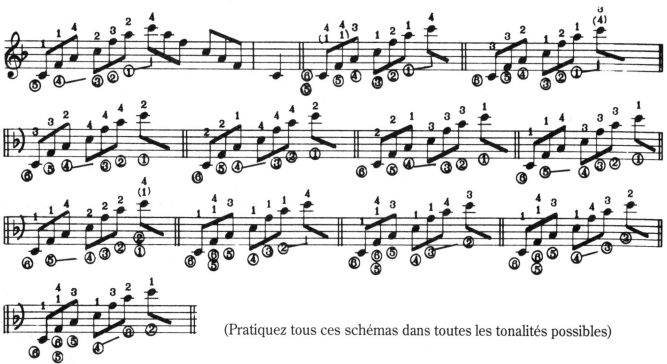

(Pratiquez tous ces schémas dans toutes les tonalités possibles)

GUITARE RYTHMIQUE – LA MAIN DROITE

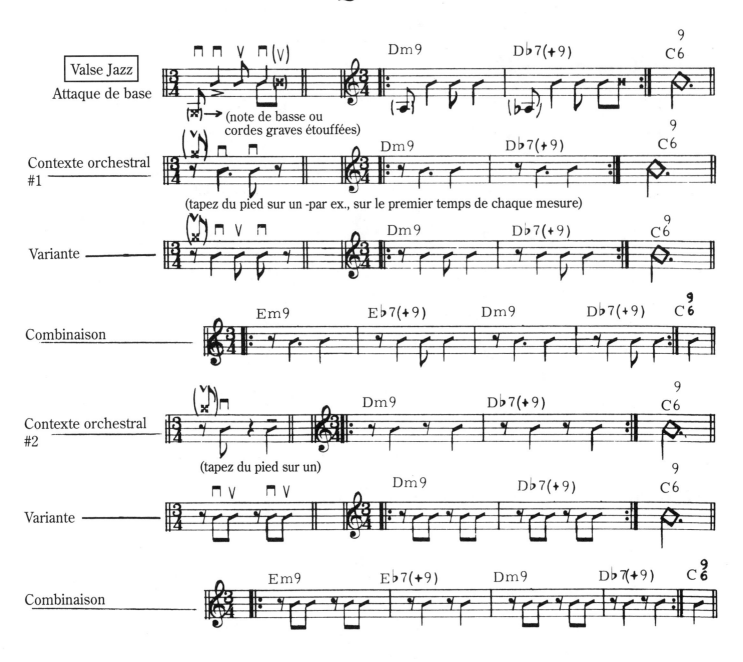

Valse Jazz

Attaque de base → (note de basse ou cordes graves étouffées)

Contexte orchestral #1

(tapez du pied sur un -par ex., sur le premier temps de chaque mesure)

Variante

Combinaison

Contexte orchestral #2

(tapez du pied sur un)

Variante

Combinaison

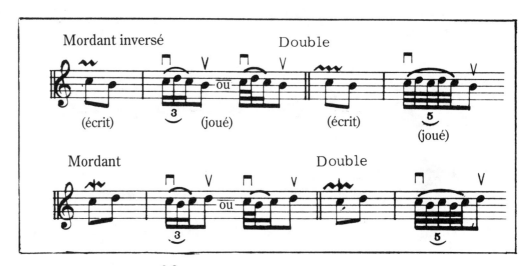

Mordant inversé   Double

(écrit)   (joué)   (écrit)   (joué)

Mordant   Double

ARPÈGES – ACCORDS DE SEPTIÈMES DIATONIQUES

(tous accords de 4 sons – tous renversements – tonalité de B♭ majeur)

87

GAMME DE A MINEUR MÉLODIQUE – 5 POSITIONS

Doigté dérivé du Type 4

Doigté dérivé du Type 2

Doigté dérivé du Type 1A

Doigté dérivé du Type 3

(A min. mélod.)

Doigté dérivé du Type 1

DIAGRAMMES D'ACCORDS

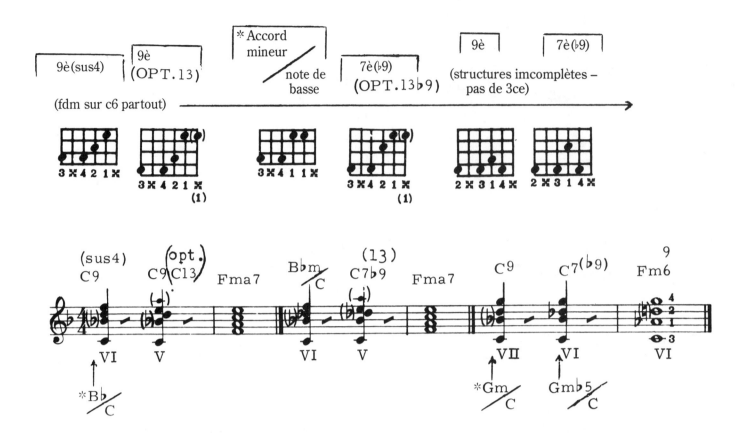

* Il existe une nouvelle manière de chiffrer ces structures harmoniques, qui pourraient être difficiles à chiffrer de tout autre manière. La sonorité harmonique de base est représentée en-deçà d'une ligne diagonale qui spécifie la note de basse devant être placée sur cette sonorité de base.

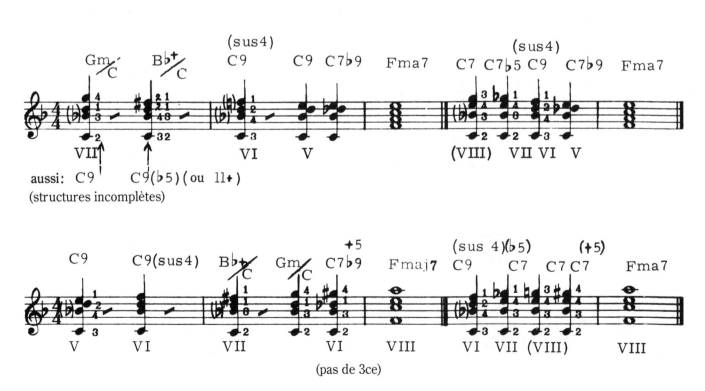

ARPÈGES SUR DEUX OCTAVES –
TRIADES DE C MINEUR À PARTIR DE LA FONDAMENTALE

(doigtés dérivés des gammes et des accords – tout au long du manche et vers l'aigu)

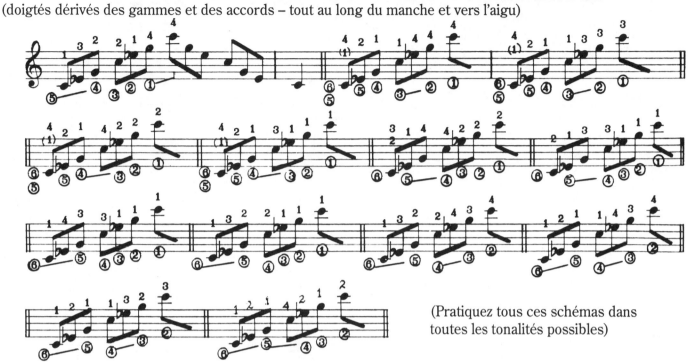

(Pratiquez tous ces schémas dans toutes les tonalités possibles)

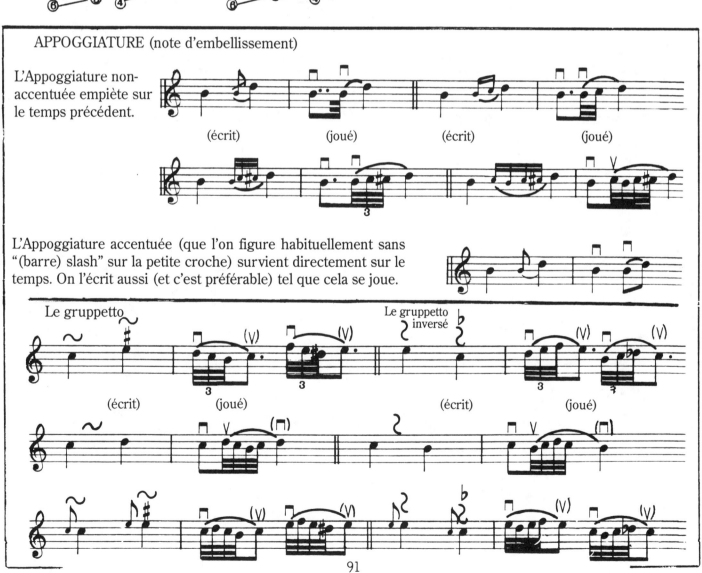

APPOGGIATURE (note d'embellissement)

L'Appoggiature non-accentuée empiète sur le temps précédent.

(écrit)　　　　(joué)　　　　(écrit)　　　　(joué)

L'Appoggiature accentuée (que l'on figure habituellement sans "(barre) slash" sur la petite croche) survient directement sur le temps. On l'écrit aussi (et c'est préférable) tel que cela se joue.

Le gruppetto　　　　　　　　　　　Le gruppetto inversé

(écrit)　　　　(joué)　　　　(écrit)　　　　(joué)

91

ÉTUDE MÉLODICO-RYTHMIQUE No. 6 (DUO)

GUITARE RYTHMIQUE – LA MAIN DROITE

(tapez du pied "à la blanche")

Cette attaque est difficile à maîtriser mais elle est très importante pour développer la maîtrise de la main droite. En l'apprenant, tapez du pied sur les temps 1, 3 4 ou 1, 2, 3, 4.

simile —

ARPÈGES – ACCORDS DE SEPTIÈME DIATONIQUES

(tous accords de 4 sons – tous renversements – tonalité de E♭ majeur)

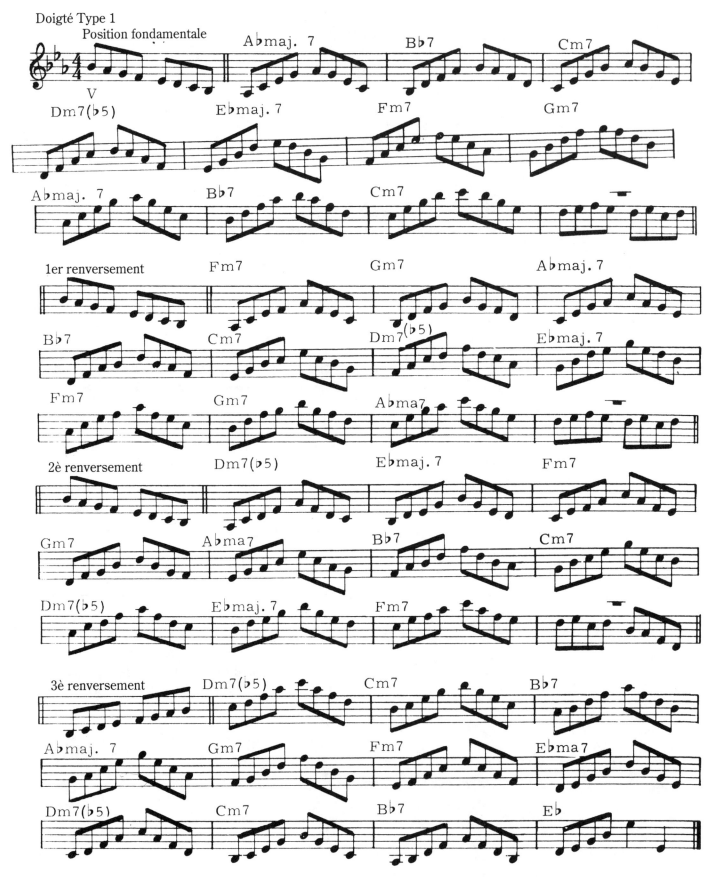

THÉORIE – RELATIONS GAMMES/ACCORDS

(à vocation d'improvisation)

Il est très rare que, du début jusqu'à la fin, une chanson demeure complètement diatonique sur le plan harmonique.

Et tout accord qui ne répond pas au critère de structure diatonique constitue une modulation dans une autre tonalité (ou gamme), le temps que dure cet accord.

Parfois, une série d'accords non diatoniques modifie complètement la tonalité pour une certaine période de temps (c'est pourquoi on parlera de "tonalité du moment" dans les exposés qui suivent et qui concernent les relations gammes/accords).

Dans la mesure où la mélodie reste habituellement et raisonnablement diatonique tout au long d'une chanson, l'oreille, presque toujours, aspire à revenir sur la tonalité initiale.

Aussi, et rappelez-vous bien cela, "l'oreille a-t-elle de la mémoire mais pas d'yeux"… Donc, la sonorité initiale exerce une influence prépondérante sur le choix des gammes appartenant à certains accords dans des situations particulières

ACCORDS MINEUR 7 ET MAJEUR NON DIATONIQUES

1) Tout accord mineur 7è dans la tonalité (du moment) tend habituellement à sonner comme un IIm7… quelle que soit la tonalité à laquelle puisse être rattachée ce 2è degré diatonique (un accord min7 non diatonique assure réellement une fonction de *modulation, plus pleinement encore que les accords 7è de dom.). Pour traiter ces accords min7 non diatoniques, utilisez la gamme majeure située un ton au-dessous de la fondamentale de l'accord en cause.

EXEMPLE :

Accord -	C	Cm7	Dm7	G7	Ebm7	Ab7	Abm7	Db7	C
Gamme -	Cmaj.	Bbmaj	Cmaj ⟶		Dbmaj ⟶		Gbmaj ⟶		Cmaj

(* Modulation = changement de tonalité dans une composition ou un arrangement).

2) Tout accord majeur qui n'est pas dans la tonalité (du moment), qui n'est pas précédé par la modulation, qui est fait d'une fondamentale non diatonique, tend à sonner comme un accord de IV… quelle que soit la tonalité à laquelle puisse être rattachée ce IV. Pour traiter ces accords de IV, utilisez la gamme majeure située une 5te au-dessus de la fondamentale de l'accord en cause.

EXEMPLE :

Accord –	C	Eb(ma7)	Dm7	G7	Ab(ma7)	Db(ma7)	C
Gamme –	Cmaj	Bbmaj	Cmaj ⟶		Ebmaj	Abmaj	Cmaj

3) Tout accord majeur qui n'est pas dans la tonalité (du moment), qui n'est pas précédé par la modulation, qui est fait d'une fondamentale appartenant à la tonalité de la gamme, tend habituellement à sonner comme un accord de tonique. Pour traiter ces accords de IV, utilisez la gamme majeure de même fondamentale que l'accord en cause.

EXEMPLE :

Accord —	C	E(ma7)	G9susC	G7	C
Gamme —	Cmaj	Emaj	Cmaj ⟶		⟶

(Observation : la gamme majeure construite sur le 5è degré peut être employée avec tout accord majeur, n'importe quand. Mais la relation gamme/accord sur ces fondamentales diatoniques sera moins séduisante, et sonnera assez "en dehors" ("faux").

(Notez aussi : à l'occasion, les accords mineur 7è peuvent fonctionner comme des accords de tonique déguisés. Ainsi, ne négligez pas la possibilité qu'un accord min7 non diat. puisse réellement être un IIIm7 ou VIm7 remplaçant le I… voyez page 71).

ÉTUDE EN 7ÈME POSITION (DUO)

SOLO EN G

GAMME DE B♭ MINEUR MÉLODIQUE – 5 POSITIONS

Doigté dérivé du Type 4

Doigté dérivé du Type 2

Doigté dérivé du Type 1A

Doigté dérivé du Type 3

(B♭ min. mélod.)

Doigté dérivé du Type 1

99

DIAGRAMMES D'ACCORDS – 7È À LA BASSE

(*registre grave… approximativement à partir du C (5è ou 6è cordes) et plus bas encore.

Les accords présentant un 7è degré à la basse ont une sonorité très peu convaincante. Comme ceux avec une 3ce à la basse, ils peuvent être employés entre deux renversements ou comme accords de passage. mais leur emploi doit être soigneusement justifié (comme par exemple dans une puissante ligne de basse descendante). Sinon, ils ne sonneront pas.

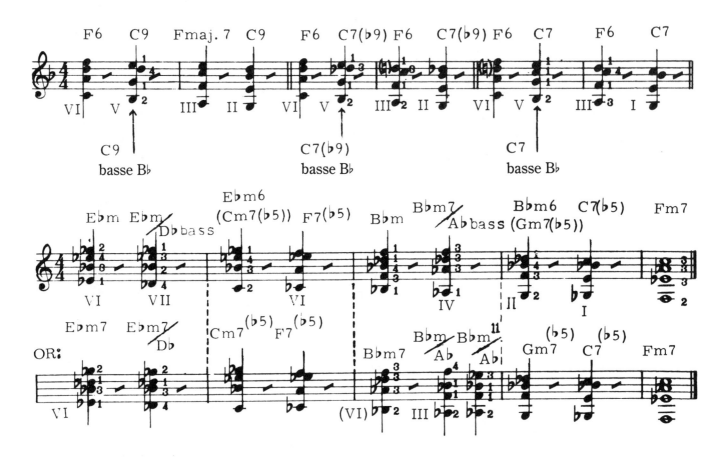

ÉTUDE D'ACCORDS No. 11

ARPÈGES SUR DEUX OCTAVES –
TRIADE DE G MINEUR À PARTIE DE LA 3CE

(doigtés dérivés des gammes et des accords – tout au long du manche et vers l'aigu)

(Pratiquez tous ces schémas dans toutes les tonalités possibles)

TRIADE DE F MINEUR À PARTIR DE LA 5TE

(tout au long du manche et vers l'aigu)

(Pratiquez tous ces schémas dans toutes les tonalités possibles)

ARMURES – placement des dièses et des bémols à la clef

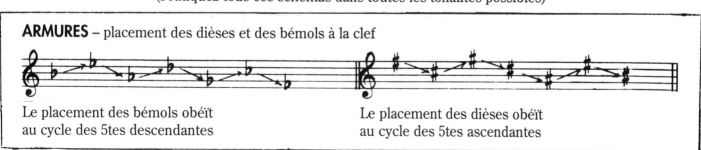

Le placement des bémols obéit
au cycle des 5tes descendantes

Le placement des dièses obéit
au cycle des 5tes ascendantes

THÉORIE – ENCHAÎNEMENTS D'ACCORDS
Descriptions et terminologie (bref aperçu)

1) Les enchaînements d'accords (cadences) sont codifiés par des chiffres romains qui précisent les accords et leurs structures impliqués dans la tonalité du moment. Si un seul chiffre est employé pour représenter un accord, la structure est supposée être diatonique (dans la tonalité indiquée). Par exemple : en tonalité de C = Dm7 G7 C ; en F = Gm7 C7 F.

2) Les structures non diatoniques sont codifiées par deux chiffres, et (si nécessaire) par un symbole descriptif.

EXEMPLES :	Un	six-septième	deux-septième	cinq	un
	I	VI7	II7	V 7	I
(tonalité de C)	C	A 7	D 7	G 7	C

	un	un-dièse dim.	deux	deux-bémol-sept	un
	I	I#°	IIm7	♭III7	I
(tonalité de C)	C	C#°	Dm7	D♭7	C

3) Les enchaînements d'accords peuvent aussi être codifiés d'une autre manière. Le terme "cycle" suivi par un chiffre indique l'intervalle (distance) d'une fondamentale d'accord à une autre. Dans les progressions harmoniques les plus courantes (cycle 5, cycle 3, cycle 7), l'intervalle est descendant. Remarquez dans les exemples suivants que, en pratique, si la direction de la note basse est optionnelle, les accords ont été construits sur les notes situées une 5te, 3ce, ou 7è au-dessous.

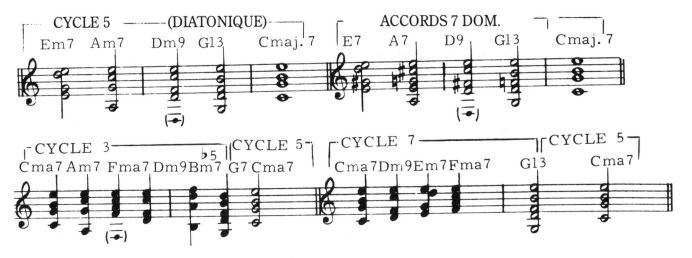

4) Quand une fondamentale monte d'une 3ce, 5te ou 7è, il s'agit d'un cycle dit "négatif 3", "négatif 5" ou "négatif 7". Si les séquences de 2 accords sont courantes, les extensions de cycles négatifs le sont moins.

Ces deux méthodes d'indication de mouvement harmonique sont extrêmement efficaces, particulièrement pour mémoriser et transposer les accords de chansons.

Exemple :   Seize premières mesures

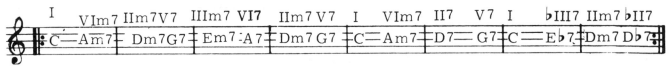

Pont (ou refrain)

Répétez les huit premières mesures

LA GAMME CHROMATIQUE

La gamme chromatique admet 12 notes, séparées chacune par un demi-ton.

SCHÉMA DE DOIGTÉ 1

(le long du manche – aucun changement de position)

Ces exemples d'application illustrent l'emploi de gammes chromatiques sur des accords augmentés et diminués (accessoirement dom. 7♭9). Observez l'emploi des doubles croches et des triolets qui sont agencés de telle manière que la première attaque de chaque temps soit une note de l'accord.

SCHÉMA DE DOIGTÉ 2

Ce schéma est moins pratiqué que le précédent dans la mesure où il doit être préparé afin de cadrer avec la position adéquate (le long du manche – avec changements de position)

GAMME DE E♭ MINEURE MÉLODIQUE – 5 POSITIONS

Doigté dérivé du Type 3

Doigté dérivé du Type 1

Doigté dérivé du Type 4

Doigté dérivé du Type 2

(E♭ min. mélod.)

Doigté dérivé du Type 1A

fine

DIAGRAMMES D'ACCORDS

Diminué 7è
(avec degrés
supérieurs ajoutés)

Un accord Dim. 7è peut être nommé à partir de chacune de ses 4 notes composantes.

Les degrés supérieurs (2 cases au-dessus de tout accord Dim.) fournissent les fondamentales de quatre accords 7è de dom. 7♭9 : G° = A7♭9 = B♭° = C7♭9 = D♭°= E♭7♭9 = E° = F#7♭9.

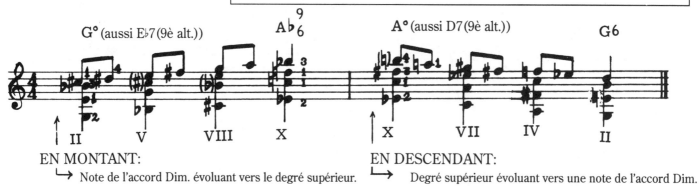

EN MONTANT:
↳ Note de l'accord Dim. évoluant vers le degré supérieur.

EN DESCENDANT:
→ Degré supérieur évoluant vers une note de l'accord Dim.

Diminué 7è
(avec degrés
supérieurs ajoutés)

Les degrés supérieurs des accords Dim. 7è peuvent aussi être considérés comme des notes situées une case au-dessous de tout accord Dim. Ils seront identiques aux quatre notes de l'accord Dim auquel ils se rapportent, situé deux cases plus haut.

EN MONTANT:
↳Note de l'accord Dim. évoluant vers le degré supérieur.

EN DESCENDANT:
→ Degré supérieur évoluant vers une note de l'accord Dim.

ÉTUDE D'ACCORDS No. 12

ÉTUDE DE VÉLOCITÉ

Le tempo doit rester constant tout du long.

(Pour la pratique avec d'autres doigtés, <u>changez l'armure</u> en passant en tonalités de C, F, D, et A. Utilisez aussi les études de vélocité avec la gamme mineure mélodique. Pratiquez toutes les tonalités majeures dont la 3ce a été "bémolisée").

ARPÈGES SUR DEUX OCTAVES –
TRIADE DE C DIMINUÉE À PARTIR DE LA FONDAMENTALE

(tout au long du manche et vers l'aigu)

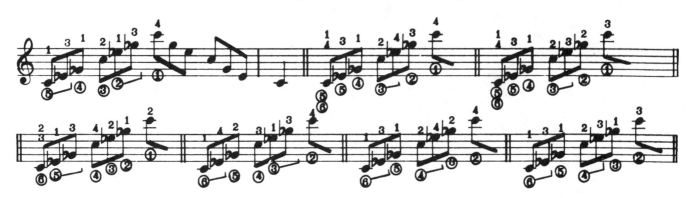

TRIADE DE G DIMINUÉE À PARTIR DE LA 3CE

TRIADE DE F DIMINUÉE À PARTIR DE LA 5TE

(Pratiquez tous ces schémas diminnés dans toutes les tonalités possibles)

ÉTUDE MÉLODICO-RYTHMIQUE No. 7 (DUO)

LA GAMME UNITONIQUE – EN POSITION

La gamme unitonique admet en 6 notes, chacune séparée par un ton entier. Chaque note de cette gamme peut être considérée comme une tonique. En conséquence, il existe seulement 2 gammes unitoniques.

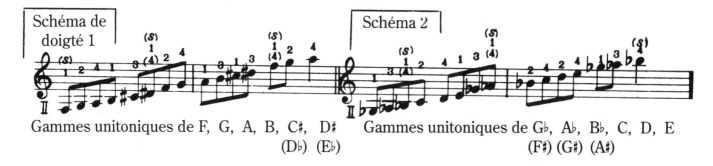

Gammes unitoniques de F, G, A, B, C♯, D♯   Gammes unitoniques de G♭, A♭, B♭, C, D, E
(D♭) (E♭)   (F♯) (G♯) (A♯)

Pratiquez en montant et en descendant à partir de chaque doigt (les extensions d'index sont les plus pratiques, mais songez à utiliser tôt ou tard toutes les autres possibilités).

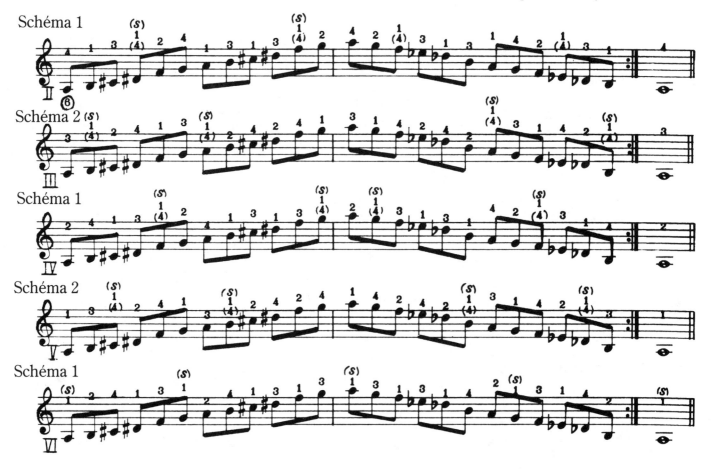

(Mémorisez les schémas de doigtés. Pratiquez les deux gammes unitoniques dans toutes les positions).

L'emploi principal des gammes unitoniques dans l'improvisation s'effectue sur les triades augmentées et les accords 7è de dom. augmentés (dans lesquels la neuvième est non-altérée, ou est supposée telle).

Exemples

L'exemple suivant utilise les deux gammes unitoniques (même position).

DOIGTÉS SUPPLÉMENTAIRES DE GAMME UNITONIQUE – AVEC CHANGEMENT DE POSITION.

1) Tout au long du manche et vers le bas tandis que la gamme monte (deux octaves)

2) Doigté constant : la position change à chaque corde (trois octaves)

(Ces doigtés supplémentaires sont moins pratiques dans les cas généraux).

GUITARE RYTHMIQUE – LA MAIN DROITE

Bossa Nova #1
Attaque de base

Note de basse ou cordes graves étouffées

Contexte orchestral

Tapez du pied "à la blanche"

Exercice

Étudiez la notation. Pratiquez avec les attaques de base et orchestrale

B♭6   Cm7   F9   B♭6

Bossa Nova #2
Attaque de base

Contexte orchestral

Tapez du pied "à la blanche"

Exercice

Pratiquez B.N. #2 avec les attaques de base et orchestrale

B♭maj. 7   Cm7   Dm7   Cm7   B♭maj. 7

Variante
B.N. #2
Contexte orchestral

Tapez du pied "à la blanche"

Exercice

Dm7   G7   Cm7   F7   B♭maj. 7

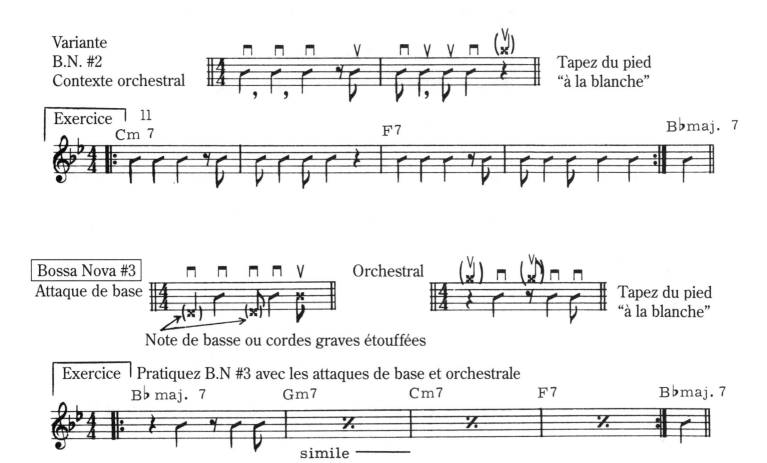

Variante B.N. #2 Contexte orchestral — Tapez du pied "à la blanche"

Exercice 11
Cm 7 — F 7 — B♭maj. 7

Bossa Nova #3
Attaque de base — Orchestral — Tapez du pied "à la blanche"
Note de basse ou cordes graves étouffées

Exercice — Pratiquez B.N #3 avec les attaques de base et orchestrale
B♭ maj. 7 — Gm7 — Cm7 — F 7 — B♭maj. 7
simile ————

ARPÈGES SUR DEUX OCTAVES –
TRIADES DE B♭, F♯ ET D AUGMENTÉES

(à partir de la fondamentale, tierce et 5te aug. – tout au long du manche et vers l'aigu)

(en utilisant ces schémas, pratiquez et apprenez les arpèges des triades augmentées à partir de toutes les notes possibles)

RELATIONS GAMMES/ACCORDS

(à vocation d'improvisation)

ACCORDS 7È DE DOMINANTE (NON ALTÉRÉS *) ET MINEUR 6 NON DIATONIQUES

(* non altérés signifie : pas de ♭9, ♯9, ♭5 ou ♯5)

1) Les accords de tonique et sous-dominante (I et IV) dans une tonalité majeure sont souvent modifiés temporairement en mineur 6 (Im6 et IVm6). Utilisez la gamme mineure mélodique construite sur la fondamentale de l'accord pour Im6 et IVm6 en tonalité maj.
Attention aux accords min 6. Assurez-vous qu'ils fonctionnent réellement comme des Im6 ou IVm6 avant d'utiliser ce principe. Ils sont souvent et erronément renommés min7♭5 (VIIm7♭5 diatonique d'une tonalité majeure) ou accords de neuvième (V7) dans le but d'indiquer mouvement de basse.

2) Ces mêmes accords Im6 et IVm6 sembleront aussi (harmoniquement prolongés) être des accords 7è de dominante construits sur les quatrième degré et septième degré abaissé d'une gamme (IV7 et ♭VII7). Observation : ces structures 7è de dom. incluent les degrés 9, 11♯, 13. Employez la gamme mineure mélodique construite sur le 5è degré du IV7 et du ♭VII7.

EXEMPLES :

Accord -	C	Cm6	C	C7	F	Fm6	C G7	C
Gamme -	Cmaj	C min. mélod.	Cmaj	Fmaj	C maj ou F maj.	F min. mélod.	Cmaj ⟶	

Accord -	C	F9	C	C7	F	B♭9	C G7	C
Gamme -	idem ci-dessus							

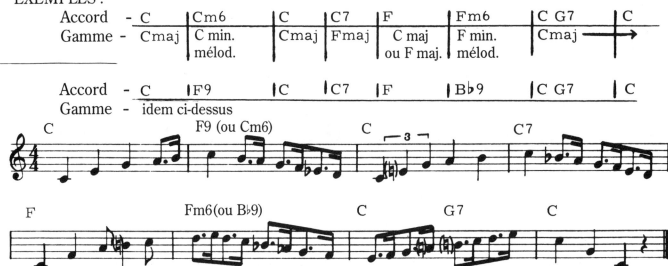

3) Tout accord 7è de dominante non diatonique (qui n'est pas précédé par un IIm7 modulant) tend à sonner comme un ♭VII7... quelle que soit la tonalité à laquelle puisse être rattachée ce dernier. Observation : tous les accords 7è de dominante non diatoniques incluent les degrés 9, 11♯, 13. Employez la gamme mineure mélodique construite sur le 5è degré de l'accord 7è de dom. en cause.

EXEMPLE :

Accord -	C	E♭9	Am7	A♭13	Dm9	D♭9	C	B♭9	C
Gamme -	Cmaj	B♭ min. mélod.	Cmaj	E♭ min. mélod.	Cmaj	A♭ min. mélod.	Cmaj	F min. mélod.	Cmaj

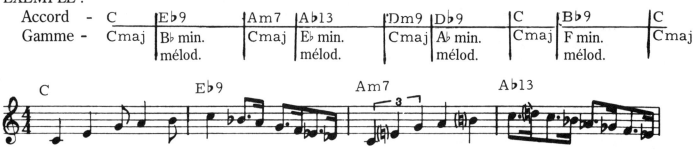

4) Au stade où nous en sommes, nous ne disposons pas encore des outils mélodiques nécessaires pour manier correctement tous les accords 7è de dominante diatoniques. Donc, je suggère que vous employiez la gamme majeure ou min. mél. dérivée de l'accord de tonique sur lequel l'accord 7è de dom. en cause est sensé aller* (sauf IV7... voir le §2 précédent).

*résoudre. Par exemple, résolution de B7 à [E], de E7 à [A], de A7 à [D], etc.

[gamme de E majeur]   [gamme de E min. mélod.]

Observation : la gamme mineure mélodique construite sur le 5è degré peut être employée sur tout accord 7è de dominante non altéré, n'importe quand. Mais, dans la mesure où la plupart des accords 7è de dominante présentent des 9è et/ou 13è altérées en vertu du sentiment tonal du moment, cette relation gamme/accord est imparfaite. Je vous recommande de mettre cela de côté pour le moment.

* * * * * * * * *

Vous devez apprendre à entendre la sonorité des gammes liées aux accords. Pour ce faire demandez à quelqu'un de jouer les harmonies pour vous (ou utilisez un magnétophone) et expérimentez-les. Tout cela dépend beaucoup de votre maîtrise des gammes, mentalement et physiquement, et vous devez faire les relations correctes.

Apprendre les relations gammes/accords qui couvrent toutes les situations harmoniques prend beaucoup de temps. Seuls le soin, la persévérance et l'expérience (y compris la réflexion, la pratique combinée à l'écoute) vous permettront d'y parvenir, tôt ou tard.

Dans ce livre, j'ai seulement "effleuré" le sujet de relations gammes/accords.
Mais nous poursuivrons cela plus avant dans le Vol. III.

* * * * * *

SOLO EN D

Index

ÉTUDES MÉLODICO-RYTHMIQUES (duos avec syncopes)

GUITARE RYTHMIQUE – LA MAIN DROITE

GAMMES

SOLOS ET DUOS (voir aussi Études d'accords et Études mélodico-rythmiques)